PREFACE 序

逐梦

美国电影演员露•比迪说过："有勇气并有胆量思考干点不平常的事，这就是年轻的全部意义。"

"对于年轻创业者少走弯路的建议，我觉得没有，要想走直路就不要创业。当你选择创业时，你就选择了走弯路。我想告诉年轻创业者的是，创业之路是痛并快乐着，要学会在创业的路上寻找快乐。"云辰科技、大可乐手机创始人丁秀洪做客《CEO说》创业者社区时这样说。

在本书中出现的人物，都认为这是一个创业的好时代。91金融创始人许泽玮称："我觉得现在是一个钱比项目多的时代，一个好的项目一定能够吸引投资方的目光并获得投资方的青睐。当然，最终能获得多少投资还是取决于公司与投资方的沟通，还有就是要看创业公司的发展方向和目标能否与投资方相匹配。"

大学生是否适合创业？友宝电子科技创始人兼CEO应向阳认为应该区分看待，如果有好的idea和team，创业想法是实实在在敲打你的内心，让你无法平静地投入工作，其实可以先选择尝试，创业过程可当作成长锻炼的机会，其实学到的东西比打工更多。

创业，当然会面对层出不穷的问题。知果果网创始人刘思思称，当你没有技术的时候，技术就是你最大的困难，当你没有资金的时候，融资是你最大的困难，每个阶段的困难不一样。唯一的解决方法就是面对这些困难，把它们一一解决掉。

云视野CEO张仕郎回忆："我最困难的时候没钱吃饭，把iPad都卖了，连坐公交还是坐地铁，都要考虑一下看哪个更便宜。"

灵聚科技创始人张胜认为创业需要耐得住寂寞，资源和人际关系只能在你自己做出好的基础后，才会发芽、开花。

“融资的时候还应该提供很多量化的数据。因为融资过程中光喊口号是没有用的，创业也需要精细的测算。”51社保网创始人余清泉做客《CEO说》创业者社群时这样说。

“客如云——智能云餐厅”创始人兼CEO彭雷提出了自己的见解：创业者第一要选好自己的商业模式，这是赛道的问题；第二要搭好自己的团队，这是选手的问题；第三才是强有力的执行力确保交付的产品具有竞争力。

“把自己的产品和服务做到极致，就会产生利于项目发展的连锁反应。”O2O“功夫熊”联合创始人兼COO孟军贤这样告诫：“当你决定创业做某个项目的时候，一定要想想它三年后的样子，而不能只看到现在。”

史蒂夫•沃兹当年和乔布斯创业时，曾看到了电脑大时代的瑰丽画卷，“一些小窗口偶尔会适时打开，让人们发明一些重要的东西，得以重新塑造人们沿用了几百年的生活方式。这些事无法预料，而那些发明者、创业者，往往不是为了金钱，而是为了个人的满足感而努力，这种满足感源于你创造了一件伟大的东西。”

今天，在移动互联网的大时代，新一轮的创业大潮方兴未艾。

作家雨果说过：“梦想就是创造，希望就是召唤，制造幻想就是促成现实。”

编 者

2015年11月

内容简介

本书主体内容来自于一大批创业有成的CEO或创始人，做客CEO说创业者社区微信群时的对话实录，语言真实、生动，原汁原味。

每期对话，富有经验的媒体人都会准备翔实的问题，参与嘉宾会倾囊相授自己在创业过程中经历的酸甜苦辣，他们在与广大创业者交流时，真诚回答，使创业新秀借鉴其经验，少走弯路。因此，CEO说的高质量对话实录本身就是广大创业者中口碑极佳的创业秘籍。合辑后的CEO说实录，也可以看作是一部记录科技企业创业的英雄志，值得广大创业者在投身波澜壮阔的创业大潮时进行借鉴参考。

图书在版编目（CIP）数据

对话新锐CEO：与创业者同行 / 姜洪军编著.
—北京：中国铁道出版社，2016.1
ISBN 978-7-113-21070-0

Ⅰ. ①对… Ⅱ. ①姜… Ⅲ. ①企业管理 Ⅳ.
①F270

中国版本图书馆CIP数据核字（2015）第251467号

书　　名： 对话新锐CEO——与创业者同行
作　　者： 姜洪军　编著

策　　划： 王　佩　　**读者热线电话：** 010-63560056
责任编辑： 刘　伟　　**封面设计：** MXK DESIGN STUDIO
责任印制： 赵星辰

出版发行： 中国铁道出版社（北京市西城区右安门西街8号　邮政编码：100054）
印　　刷： 三河市宏盛印务有限公司
版　　次： 2016年1月第1版　　2016年1月第1次印刷
开　　本： 700mm×1000mm　1/16　**印张：** 14.75　**字数：** 300千
书　　号： ISBN 978-7-113-21070-0
定　　价： 45.00元

对话新锐CEO

DIALOGUE

与创业者同行

姜洪军◎编著

中国铁道出版社
CHINA RAILWAY PUBLISHING HOUSE

目录 CONTENTS

创业篇

创新篇

创富篇

附录　投资者给创业者的建议

后记

创 业 篇

技术『白痴』如何组建团队

——对话嘉宾：天使客股权众筹平台创始人兼CEO　石俊

主持人：首先请讲讲您的职业生涯以及目前正在做的事。

石俊：天使客是由腾讯创始人之一的曾李青、经纬创投的张颖在天使轮投资的股权众筹平台，刚做完A轮投资，天使客2014年5月上线，总部在深圳，走精品小而美的路线。其中众筹项目腾米跑跑已经获得君联资本下一轮融资，百味联盟获得华兴资本下一轮融资。目前天使客正在火热的开展新三板业务，两只新三板领投基金，并已经做了天涯社区、红杉创富港的定增众筹。

我之前是记者，2009年从中国传媒大学毕业，毕业之后我去澳门电视台工作了一年，之后加入了深圳经济观察报，主要写上市公司、TMT领域的，如腾讯、360之类的，像投资经理一样关注各行各业的资讯，我在2011～2013年非常勤奋地做记者，采访了很多大佬以及一些创业型的公司，2013年年底报道的股权众筹，觉得特别适合记者做，因为做记者我也积累了很多创业公司和投资人的人际关系，所以在2013年的时候就开始做股权众筹。2014年开始要创业的时候，我之前采访过的大佬、腾讯创始人之一的曾李青，他是非常知名的天使投资人，他说要给我投资，他是我现在第一轮的天使投资人，后来陆续的很多我采访过的大佬知道我要创业，都愿意给我投资，其中包括经纬创投的老板张颖。

因为是女孩子创业，所以非常困难，包括搭建团队、男生不愿意加入我们，因为我是“技术白痴”，不懂技术，所以也经历了很多困难。

2014年我们陆续做了很多非常精彩的天使阶段的案子，2014年年末的时候我们拿到了第二轮的投资，我们是以女孩子为主导的一个创业团队，有很多都是传媒的记者，包括我的另外一个合伙人，都是媒体出身。

主持人：天使客三位合伙人是怎么走到一起的？团队技术负责人是什么背景，如何找到的？您作为女性创始人，如何与团队的男性保持良好的沟通？

石俊：天使客的合伙人怎么走到一起的呢？刚开始是我一个人，自己出来创业， 非常以自我为中心，觉得自己很高大上。我在刚开始创业的时候也不是很合群，招人特别难，我的第一个员工也做过记者，两个月我就把他开除了，原因是他太慢了影响进度，因为别人告诉我，创业团队最初的十个人一定是精兵强将，所以没有和他走多远，后来我也进行了反思，觉得自己也有做得不对的地方。

第二个合伙人其实是内部培养的，刚开始她加入的时候也是小“菜鸟”一枚，我在经济观察报跟她有过同样的工作经历，刚开始她来的时候做的事情很初步，主要是配合我，但她成长的很快，88年的小姑娘能够帮我独当一面，做股权众筹的需要三个人，第一个是像我一样，很有攻击性地出去找项目，第二个是负责搭建平台，把平台传播出去让更多人知道，第三个就是找投资人到我们的平台投资项目，现在那个小姑娘已经把第三个平台完全撑起来了，所以我就把她纳为我的合伙人。

团队的技术负责人这是我的一大硬伤，也是内伤，因为我是做传媒出身，特别不懂技术，我一直以为技术对我这个团队不太重要，我也没有Online在线的支付，都是打款那种相对传统的，我寻觅了将近一年的时间才找到一个全职的技术人员，我现在的团队有四五个技术人员，都是第三个合伙人加入进来才慢慢搭建起来的，所以我们这个团队的技术是由我的一个合伙人来负责的，他们主要来自支付宝、财付通这样的公司。

作为女性创始人如何与团队的男性保持良好的沟通？我也不是非常女性化，大家都叫我俊哥，我的性格非常直爽，也是比较男性化的，跟男生能打成一片，大家也没把我当女生，其实作为女性创业者也是有很多优势的，大家都愿意帮我们。在我们公司团队目前有25个人，大家都不分你我，我也没有自己的独立办公室，大家都是平等交流。

我们的平台投资人目前有将近一万个，平台交易额刚刚破了一亿，第一个一亿我们用了一年的时间，现在已经做到1.4亿了，所以第二个一亿一两个月就可以实现。我们是一群聪明的人，不聪明的人会被我们淘汰，聪明的人就会用非常低成本的方式找到目标客户，这是我们用一年的时间分析并研究市场得出来的，这属于公司机密，所以我就不讲了。

主持人：当下最火爆的行业是P2P、O2O等，为什么您看准了股权众筹？

石俊：我是从2013年年底就觉得我应该创业，为什么创业我也没想明白，我采访了一圈股权众筹，那时候我跑到北京采访天使会，我是非常外向的，喜欢和各种创业公司老板聊天，我也喜欢到全国各地去旅行，结识了很多朋友，选择股权众筹的原因很简单，因为它有很强的媒体属性，我们做记者的时候就是报道有价值的项目，报道完再经过润色然后发表在平台上，吸引眼球和流量。

主持人：深圳硬件发达，做实物众筹应该有得天独厚的优势，为什么你们不考虑实物众筹？

石俊：原因很简单，因为我不懂。我喜欢做离钱很近的事情，因为很容易实现。

每个公司都有自己的优势，股权众筹拼的是两点，第一你是否能和核心公司建立联系，让投资人来你的平台进行众筹，第二是拼服务，有没有为投资人服务的团队，股权是非常不标准化的东西，越往后会越标准，而且风险越小。

主持人：您前几天在杭州遇上了京东的人，对方告诉你不要碰股权众筹，因为京东也在做，你打算怎么和京东竞争？

石俊：和京东竞争的策略就是和很多投资机构合作，投资机构愿意把它们的项目放在这个平台，因为京东的估值很高，很多人可以去买，但是目前很少人跟京东合作，而是在我们平台投资，因为京东有很多人去抢一个项目，最后很少人能够抢得到，所以他们觉得没有被服务到。而在我们平台上就会感觉到不一样的服务。我觉得股权众筹要做到很大的话，要满足三个条件，第一，标利标准化，第二，盈利可期，第三，回报周期短。如果一直做天使投资很难规模化，我们在这方面正在调整，现在往后端移动，做一些拟挂牌、拟上市的公司。如果想做成很大规模的话，会想很多办法，做股权众筹有一定的地域性，北有京东，南有天使客，我觉得我们的机会还是很大的。

主持人：天使客一直追求项目的精品路线，但多数好的项目，会不会直接就去拿机构投资，就没有股权众筹什么事了？比如你们自己？

石俊：主持人说得很对，我们一直在追求精品路线，很多好的项目一定是想要选择与非常了不起的机构来谈，大多数需要从机构拿钱，我们已经做了一年，第一个成功的案例就是目前已经估值上亿的项目。第二个项目是一个跑步的社交软件，我用这个软件跑了 300 多公里打动了他，再就是我们有很强的 PR 效应。

我们公司第二轮也是众筹的，有很多“土豪”的股东在前期帮我们很多，在用户量的增长上以及如何服务投资人也帮助我们不少，现在很多股东把他们的项目给我们或者把他们公司的项目进行众筹。我们平台上的很多项目都拿到了下一轮投资。创业型的公司最重要的就是快速的拿到钱。

主持人：真正要判断一个项目好不好，可能需要到线下，但很多股权投资者不可能到线下实地考察，这个问题怎么解决？

石俊：我们天使客会进行初步的把控，首先就是确定 CEO 是否会把钱放在公司的发展上，看公司的方向是否正确，团队是否完整，专业技术性的判断是否到位。所以我们不做很强的价值判断，这些都是由平台上的领头人来判断的。

主持人：天使客在帮助众筹项目下一轮上能做什么？有没有什么成功的案例？

石俊：当然有，我们的服务是很贴心的，我们主要服务投资人也服务项目，如何服务投资人呢，投资分为几个阶段，募、投、管、退。所以股权众筹不是众筹来很多小股东，而是一个投资主体，一个公司，以后只要跟领头人接洽就好了。我们在投资界朋友很多，基本上都会对下一轮项目进行帮助。

主持人：“领投＋跟投”的模式，但是领投人可能知名度、资源和专业度都不够，于是你们引进了“明星领投入”，包括达晨创投、德迅投资、东方港湾等，可否讲讲他们分别投了哪些项目？这些项目为什么会脱颖而出？

石俊：达成创投的合伙人之一邵红霞，领投了我们的“夜都市”项目，东方港湾领投了腾米跑跑。2014 年我们在做股权众筹的时候很多人并不看好，我们做起来很艰难，但是我们有很多的人际关系，所以创业的时候资源很重要。这些项目能够脱颖而出首先是因为我们团队发掘项目能力很强。

主持人：天使客也开始在全国各地设立分站？目前有哪些城市在计划中？最大的难点在哪？

石俊：我之前是想得简单了，拿到钱之后就想大肆扩张，在北京、杭州、厦门、上海都想设分站，4 月份的时候单枪匹马来到北京，发现很难，后来就果断回到深圳，准备专攻深圳。

所以我觉得创业型公司要把最核心的东西做好，单点突破、集中要害，因为资源和钱是有限的，人的精力也是有限的。

主持人：众筹总是说融资金、融资源、融智慧，众筹股东到底能帮到项目方多少？还有股东能获得哪些权益？有没有什么成功的案例分享？

石俊：我觉得创业中融到钱是最重要的。在这里分享两个成功案例：一个是腾米跑跑，众筹领头人在做完领投之后，从众筹网合伙人的职位上离职加入腾米跑跑，专门帮他们找钱和 PR 的工作；另一个是拿到华兴资本下一轮投资，也就是百味联盟这个项目，领头人在投资完以后花了半年的时间跑到深圳睡在帐篷里做了领投后的服务。不要听众筹平台的忽悠，融到钱是最根本的，其他都可以忽略不计。

主持人：现在天使客平台项目生存情况如何？经过一年时间的发展，有没有正在死亡的项目？此外，项目下一轮情况如何？投资人的退出情况如何？

石俊：目前还没有一个“死过”的项目。投资人目前也还没有具体退出的案例，有一个百味联盟的项目，本来华兴资本进来后要以 3.3 倍的价格收购老股东的股份，但是老股东不愿意，所以目前还没有一个真正退出的，拿到下一轮的都是在线增长的。

主持人：“单身美女记者石俊，一年前手握两百万融资，离开媒体，笃定创业者并不是神人，众筹行业还需要更多优秀的拓荒者，她创办了天使客，要做精品类的股权众筹平台。”您的前东家《经济观察报》是这样描述您的，这里有一个很八卦的个人问题，是不是创业之后就更没有时间谈恋爱了？当然您也可以选择不回答。

石俊：创业之后我就变成了男人，大家都叫我俊哥，确实还是单身，也没有时间和精力谈恋爱，等我们公司有一定的资本回报之后再考虑这个问题，这个问题比较私人，所以还是给我留一些想象和私密的空间。

主持人：天使客如何做项目的尽职调查与设计天使投资人的退出机制？天使客与新三板券商具体的合作方式是怎样的？

石俊：（1）我们的平台上写得很清楚，可以简单说一下，我们不做很具体的尽职调查，我们只保证两点，第一点，创始人拿到钱之后是去搞业务的，第二点，行业是非常有前景、可观的。（2）券商和我们的合作模式就是他们推项目过来，我们作为投资机构或者投资方一样合作，参与到项目的投资，主要是帮我们推项目。

主持人：什么样的项目类型和方向容易拿到投资，含明星团队因素吗？

石俊：第一，如果是早期的项目，团队很重要，团队的重要性反映创始人的重要性，首先，创始人有没有创业之心，其次是资源，再就是资源和要做的事情是不是很匹配，所以我们主要看创业者。第二，创业方向也很重要，但是比起创业者的属性来讲，创业者更重要，所以团队比方向更重要。

创业转型时的心路历程

——对话嘉宾：房龙点评网董事长兼CEO　肖勇

主持人：在2005年加入搜房之前，您曾经在中央人民广播电台、深圳商报、深圳特区报等媒体从业十多年，从媒体人转型为创业者，对您最大的挑战是什么？您是如何去适应的？

肖勇：关于传统媒体面对新媒体的挑战这件事可以写本书了。有很多专业人士也进行过探讨，包括微信、微博上边有很多探讨。套用现在流行的《速度与激情》来讲，我认为这个是最重要的。所谓速度是指效率方面，现在互联网最大的优势是提升效率。如果竞争的效率不提升，企业和社会的发展都会受阻，对传统媒体而言我觉得这两部分都很重要，就是速度和激情。

对我个人而言还是比较适应的。感觉跳出体制又焕发了第二春、第三春。当然创业遇到的问题和困难非常多，包括资金、产品、市场、管理、人才，挑战无处不在。每天都会发生让你意想不到的事情，创业公司遇到的所有困难和问题我都遇到过，总算是挺过来了。

比较难的是思维转换。就是从一个传统媒体人向一个互联网人的转变，就是现在流行的互联网思维。传统媒体人完全接纳和适应确实还需要一个过程。

主持人：阿里巴巴今天大手笔投了12亿元给第一财经，您认为传统媒体还有未来吗？

肖勇：阿里巴巴大手笔投资第一财经我们已经关注了，这是在大数据时代又一个重磅的举动。传统媒体肯定有它的价值，传统媒体的分类非常多。现在只能说是纸质媒体遇到的挑战会更大一些。像电视媒体在很多领域还是如日中天，也还有它的价值。纸质媒体在小众的细分领域越来越精准，例如一些精美的杂志、一些定位准确的产品、一些忠于新闻理想的等这些媒体依然活得还挺滋润。

但是从趋势来看，我们可能在纸质媒体上面临的挑战更大一些。从发展来看，可能不需要那么多的纸质媒体。所以传统媒体人确实存在一个分流的问题。官方媒介可能一个城市只能保留一两份。 所以它将来的承载量对人才等的发展空间是有限的。

主持人：请问你们目前是通过哪些方式寻找创业合作伙伴呢？网上宣传还是线下面谈？

肖勇：我们寻找创业合作伙伴，网上也发布信息，但主要是通过朋友圈推荐，通过行业发布消息。因为在地产媒体圈释放这样的信息，观望犹豫的居多，真正落实的少。和我们想象的有非常大的距离，当然我们发现有潜在的创业合作伙伴会深入的面谈和交流，请他们到北京总部考察，观摩我们的商业模式，看看我们的团队和做法。

主持人：目前房地产已经不再具备吸金能力，请问房龙点评网为什么会逆势出击？如何维持增长？

肖勇：这个观点有些绝对。房地产目前还是中国最大的行业，每年的销售额按现在的趋势应该在 8 万亿～ 10 万亿元之间。大部分的人都在为房地产或者银行业打工，它拉动的行业有六七十个。所以它不能吸金或吸金能力下降、遇到投资增速下降、投资规模下降，长远看是一个趋势，但是因其体量过大，在中国的国情下，房地产还具有相当的投资价值。在一些优质的城市、发展较快的城市还是有投资价值的。当然分化还是比较严重。

主持人：请问房龙为什么没有（或者没有公布过）融资？一直都在盈利？未来是否有上市计划？

肖勇：房龙融资的事其实也是一直在做，但是因为商业模式的问题我们自己进行了调整。商业模式不太清晰，前三年都在尝试。后来做些主动调整，融资步伐基本停下来了。直到现在逐步找到感觉，现在融资也在启动。我们也有上市新三板这样一些考虑，公司的未来肯定要通过融资扩张向资本市场惊险一跳，出发进入快车道。靠简单的复制和积累的速度太慢，跟不上时代的步伐。公司前三年是亏损的，后三年是盈利的。盈利额逐步在扩大，当然我们还是要长远规划。

主持人：过去十年，中国的房地产业发生了太多的“想不到”，未来十年，您认为还有哪些趋势值得关注？

肖勇：感觉未来十年中国房地产已经进入了所谓的新常态。它的投资价值和空间要重新进行评估。城市进入分化，不是所有城市的房地产都有投资价值。中国的人口在向三大经济区长三角、珠三角、京津冀集中，一个省的人口在向省会分减集中，这些城市可能会有投资价值。但很多其他的一些城市，特别是人口外流的城市机会下降的会多一些。所以投资需要谨慎。另外，从产品形态来看，产品是多元化的，很多城市在限购。

主持人：房龙在营销方面有哪些优势？比如，现在有一个高大上的楼盘需要卖出去，一般的营销机构会怎么做，你们又会怎么做？

肖勇：房龙的优势还是用新媒体的手段和创意以及它特殊的传播规律帮项目做出更出彩的、更有效的营销。一般的媒体可能在硬广发布新闻这方面有一定的优势，但是我们有一个楼盘的项目账号微信托管，再利用十八般武艺做出精彩异常的微信，这样会有很好的传播价值。此外还可以用群组营销，多种微信群圈层、大号、各种转发，还有客户会，对经纪公司经纪人能达到最佳的传播效果。我们在产品方面也有创新，除了微信以外，还有新闻论坛等各方面的一些炒作，另外在事件营销、众筹营销、点评营销等方面也有突破。通过这种分享使得项目的价值得到最大化的延展。

主持人：搜房和乐居等房产网有钱、有背景，也有很多地方站，未来如果它们也进军房龙现在做的口碑、点评和营销领域，您打算怎么办？

肖勇：这件事我们倒不是特别担心。因为现在讲的是重度垂直，不能说模糊的时代已经过去，门户还是有它的价值，但是我们看到很多垂直领域诞生了很多优秀的公司！即使是在房地产这样的垂直领域，我们认为细分市场还是有它的价值的。比如现在租房领域、二手房领域都出现了很多优秀的公司，最后都在分化。

包括以后的商业地产，各个行业领域都会有这种公司。

一个企业有它的DNA，企业一定不是万能的，很多时候我们理解这个公司做这件事一定能做好，其实也不是。它的平台和优势非常明显，事实证明也没做起来。相反如果进行了细分选择，在很多细分领域诞生了很多优秀的公司。我们就想做成这样的公司。大公司一般承载的任务比较多重。提到的这几个媒体他们是综合门户，他们的信息承载量非常大。但在细分领域比如做点评这件事，一个公司可能集全力在做这件事，我们对点评的研究细分组织进行精确化、精准化。大公司未必会有这样的动力或者时间精力资源去做这件事，或者说他们不一定愿意做，因为他们有更重要的事情要做。

主持人：您刚才说到众筹营销，请问在这方面可否举一些具体的例子来说明？

肖勇：众筹模式现在非常流行，很多地产商已经开始在尝试了。淘宝、京东、平安好房、其他一些P2P企业都在进行这种尝试。从营销众筹来讲，有一些企业有作秀的成分，但是也有一些企业已经尝到了甜头。通过各种众筹模式吸收了购房者的一部分购房款缓解了资金的压力。另外通过这种方式提升了项目的品牌和影响力。

主持人：房龙点评网要做的是房地产行业的大众点评，您认为还有哪些细分领域有机会诞生下一个大众点评？

肖勇：几乎所有的垂直细分领域都有点评的需求，口碑点评的需求。但是能不能支持一个互联网平台，就要看这个行业的支付习惯、用户习惯和广告主的支付习惯，需求肯定是存在的。比如家政服务行业，我们认为对家政公司服务甚至对保姆的点评将会很有市场。但这个市场非常分散，没有强烈的埋单人，支付体系也不是特别健全，行业的诚信度也不是特别高。所以需求是旺盛的，点评空间也很大，但是平台较难做。

主持人：作为资深房地产营销专家，你认为中国房地产是否有崩盘的可能？

您对要买房的人有哪些建议，是该早买还是再等等？

肖勇：崩盘的可能性现在还没有。市场还是相对比较理性，房价总价比较高，但是市场持续呈现的分化的局面也有高有低。市中心的高一些，城郊结合部或者远一些地方的房子会便宜些。一线城市最贵、二三线城市分化、四五线城市更便宜。所以人们选择的居住空间还是比较宽的。我举一个例子，我在贵阳的员工，他的收入水平跟北京员工相比大概差一半，但房价差5倍。在贵阳的员工买房的压力比北京小，幸福感要强于北京。

房子该早买还是再等等，和宏观经济形势和你个人的时机有关。如果比较急，急着做婚房还是可以买的。如果不是特别急，可以等自己的收入增长到一定阶段再买自己更心仪的房子。

主持人：点评模式是需要大量的UGC内容，这些构建是如何完成从0到1的呢？

肖勇：对房龙点评内容来讲，我们有专业房评师，包括编辑点评和大众点评是并举的。我们的内容是三方产生的。原来业主论坛这种模式落伍了，所以要发展专业点评专业引导草根，有专业意见才能引导草根发言。

主持人：房地产公司掌握着楼盘（小区），我所了解到的，有些房产公司还是做社区O2O和智能家居，您如何看这种现象？

肖勇：社区O2O和智能家居的市场潜力非常大。我们在用户的最后的聚集区要获得各种各样的大数据，商业价值非常大。但现在的社区O2O的多种模式都还处于探索之中，现在还没有看出明显更胜一筹的模式。

从初期失利阴影中走出来

——对话嘉宾：客如云——智能云餐厅创始人兼CEO 彭雷

主持人：请问您在团购之前的几次创业都有哪些失败？

彭雷：团购之前的创业有社区、数据库营销，都是非常有价值的基础知识累积的阶段。第一段创业经历是从教育网里做音乐视频下载，当时 Alexa 排名做到过 400 位以内，但是学生创业不赚钱。

后来做数据库营销，数据库营销在中国是灰色地带，没有相应立法，会存在个人信息隐私泄露的风险，现在国内做数据库营销的公司都活得不是太好。所以国内创业还是要看法律环境来选择最合适的行业。

主持人：在创办客如云之前，您在团购网站 24 券担任 COO，24 券失败给你最大的教训是什么？

彭雷："百团"大战这几年时间，收获很多。我觉得在 O2O 里的公司创业，核心竞争因素有三个：一是产品，2B、2C 甚至是对内部的 IT，在产品上的要求都很高，需要技术上持续投入；二是运营能力，销售及销售后服务能力，包括管理面向几百个城市上千名员工的能力；三是融资能力。

24 券失败的经历是我们在这三个因素上出现了明显的短板。在产品层面我们不算差，如果说美团做到 90 分，我们可能达到 75 分；在运营层面，我们跟美团相近，人均单产、销售人员忠诚度都是非常有优势的，我们的问题出在第三个因素，我们是在资金的管理以及规模快速扩大后的融资时间点把握上出现了问题。

从这次教训来讲，**O2O 创业需要产品、运营、资本能力三者的平衡**，能追求三者都是行业最优当然更好，但是有一块是行业最弱的一定不能成功，这可能是 24 券创业经历带给我最大的收获。

主持人：如今的 O2O 之火爆程度，比起当年的团购有过之而无不及，您怎么看待这个行业的未来格局？最后绝大多数公司却会死掉吗？

彭雷：团购就是 O2O 的一种形式，现在变成一种泛 O2O 的概念，各种传统行业"互联网 +"之后都开始变成 O2O，这个比当年团购的竞争格局可能还要更残酷一些。

这个行业未来的竞争还是会遵从我说的三个核心竞争因素的原则。在产品、运营和资本能力上取得相对竞争优势的公司会活下来。未来一个行业、品类里，可能出现两家、最多三家的竞争者，在这三个核心竞争因素上犯错的对手肯定会被洗牌出局的。

主持人：说到融资能力，您认为客如云为什么能够拿到百度的 6 600 万元 B 轮融资？另外也请您以通俗易懂的方式讲讲客如云是做什么的，大家可能还不熟悉。

彭雷：客如云做的事与我个人之前的创业经历相关，当时做团购三年，团购作为一种营销手段有价值，吸引的是价格敏感型的用户，把一部分原本要去商家 A 的用户带去商家 B，从中获得一定营销层面上的收入。这个模式最困扰我的问题是：它对商家及对用户的黏性都不强，商户端基本没有忠诚度可言，跟所有的团购网站都合作；消费端也一样，消费者所有团购的网站都会去看，谁价格低就去谁家买。正是因为这个模式的发展本身受到一些局限，所以我才开始做客如云。

客如云诞生，是我想在这个行业里做一些真正有黏性的业务模式，最初参考美国的 OpenTable 公司，他先帮商家 B 端做预定管理系统，一台一台卖，后来做 C 端，帮商家做导流。

从我多年与商家打交道的情况来看，一般围着商家的互联网公司可分为两类，一类是营销类公司，像点评、美团都属于典型的营销类公司，他们帮客户带客户，对商家而言这种营销渠道肯定是多多益善、不排他的；另一类是效率类公司，像传统商家的信息化系统、餐饮软件、内部效率工具等，客如云看重的是这块市场。

所以，通过在团购行业的经验，发现现在在 O2O 市场上，C 端已经非常成熟，通过五年的移动支付、智能手机的普及，C 端可以非常方便地获得各种信息，并完成支付。B 端还停留在 15 年前的传统的 PC 架构的脱机使用的信息化系统，使用的是上一代的效率工具，客如云致力于这样一件事：帮助服务业的商家从 B 端入口，提供软硬一体、云端实时在线的信息化解决方案，帮助商家更好地服务于移动互联网时代 C 端用户的需求，同时提高传统行业内部的工作效率，这是客如云正在做的事情。

主持人：百度为什么会投资客如云？客如云的优势在哪儿？你们在数据方面做得比友商要好？

彭雷：百度和我们的合作是这样的立场：客如云是立志为服务业 B 端商家提供软硬一体 SaaS 服务的基础架构的一家公司，这就决定了我们把精力放在 B 端后，C 端我们会需要一些战略上的资源，这是我们选择与百度合作的重要原因，我们专注在 B 端做好一件事，但我们需要消费者有方便的 C 端入口，选择百度，是因为百度在连接人与服务这件事上的战略布局非常清楚，过去用户搜索是连接信息，现在提连接人与服务，这和我们把服务底层换掉是非常吻合的。

同时，百度在 C 端有一些非常有价值的资源，像 O2O 入口——百度地图，是我们看重的 C 端资源，是连接真实与线上的一个重要入口，地图里可以承载更多的实时信息、各种交易，百度糯米是团购非常重要的入口、百度外卖在外卖市场也有较强的竞争力，以及百度直达号，包括百度本身的搜索其实也是大量的 C 端行为的入口，我们希望通过把 B 端商家的信息化系统更换后，可以让消费者从百度的各种入口进来，看到各种服务并实时完成交易。

主持人：您提到糯米网，请问客如云未来是否有可能像糯米网一样被整体纳入百度餐饮服务体系？

彭雷：首先我们和糯米入口的位置不同，糯米是做 C 端的团购，的入口未来可能会延伸为一个本地生活服务的入口。我们是 B 端的信息化的 SaaS 服务提供商，它和糯米是很好的互补。

至于会不会纳入百度餐饮服务体系，目前从合作层面来看，我们肯定是在共同打造百度连接人与服务的生态圈。

我估计你想说的纳入是我们会不会完全合并进去，目前来看这样做的意义不是很大，我们目前可以和百度通过资本合作，打通 C 端和 B 端的入口，同时还能让商家获得我们帮它整合的像淘点点、微信等入口资源，就商家而言，他也希望整合所有的资源，在这点上百度是理解和支持的，而不是说只连接百度入口。

主持人：相比您与 BAT 的投资团队都有过不少接触，一个创业团队如果想拿到 BAT 的投资，您认为要在哪些方面做好功课？

彭雷：这个问题估计很多创业者都会比较关注。我并不认为一定要让一个公司专门有针对性地去拿 BAT 的钱，其实战略资本和财务资本的立场不同。如果你自己一开始就想从 BAT 拿钱最后卖给 BAT 的公司，我接触过很多这样的例子，到最后都失败了。

我认为，创业者的核心目的还是找准你的客户，给客户提供的价值是什么，在提供价值这件事上你存在什么壁垒，产品、运营、资本能力或者其他。而战略投资者永远是你自身核心商业价值中的一个助力，而不是一个目的。

要做好的工作还是选好自己的商业模式，这是赛道的问题；搭好自己的团队，这是选手的问题；第三才是强有力的执行力确保交付出去在行业里有竞争力的结果。在满足这三个条件的基础上，谨慎去设计自己的资本结构，在财务投资者和战略投资者之间，根据当时的需要来选择合适的对象，一步一步把公司推向更高的台阶，这是创业者应具备的融资态度。

主持人：之前客如云在十多个城市都做了直营，接下来会拓展加盟渠道。各个加盟商水平参差不齐，请问如何保证标准化和服务质量？

彭雷：这是运营能力的建设，跨城市的销售、安装、维护、服务的体系建设确实比较难。之前我们做 24 券时，也有一些经验，如何在全国进行人员招聘、全国文化价值观的建设、培训体系、考核体系、晋升体系还是有一些经验的。

技术层面的标准都是可以被量化的，我们有一些标准的，我们不称加盟商，我们称 TCP，我们会对他们进行考核认证。

与此类似的还有一些，如 Google 收购的 Nest，做智能温控器。它当时也是一样，一款温控器在消费者家中安装其实是需要一些安装支持的，Nest 在美国全国范围内有超过 1 万名通过认证的安装工程师，其实都不是 Nest 的员工。通过培训、标准化流程、知识传达和事后服务考核，做到消费者在任何一个城市买到温控器后可以由当地认证合作伙伴上门来完成安装。这种类似众包的运维维护体系也是现在互联网公司或O2O公司惯用的手法，这一点客如云也一定能做得很好。

主持人：客如云销售团队急剧扩张，会遇到哪些管理上的难题，你们打算如何解决？

彭雷：不仅销售团队，任何一个创业公司员工人数快速扩张都会面临共性的问题。比如知识传达的问题，可能总部和分部的人了解知识的差异会很大；价值观的问题，当人数很多的时候，其实有很多事情没有办法通过标准制度来完成，需要强有力的文化价值观来传导，远程的激励，包括通过一些机制让员工感到会有一些成长空间，要有明确的晋升通道给到他们。

客如云也同样面临这些问题，所以我们有很强的HR体系的人在帮我们。

主持人：你们的团队核心成员背景是什么？如何分工？

彭雷：创始人是我和KK，KK是马来西亚人，资深的管理者，如果分工，他更多偏向销售运营，我偏向产品研发，核心管理层有十几个部门总监，都是在各自负责领域可以独当一面的人，整个公司很扁平，基本上就是我和KK还有十几个部门总监，管理三百多人。

主持人：您现在每天主要精力放在哪些事情上？

彭雷：自己的精力，一是一些长期的战略思考，包括收费、商业模式的创新，商业资源的拼接关系；二是团队的打造，确保公司的核心价值观一致；三是盯不同部门业务运营的数据。

主持人：现在钱也有了，人也在逐步扩张中，最让您焦虑的事是什么？

彭雷：应该说创业中的人都有轻重程度不等的焦虑症。永远在焦虑，焦虑是自己逼自己突破极限的一种方式。目前最焦虑的事可能还是产品迭代的速度比较慢。因为做B端需要经验和行业知识的累积，学习、解析、产品化，目前是2～3个月的迭代，我觉得还不够，希望产品节奏更快。

主持人：你们B端产品“客如云”客户管理系统，还有C端产品“找位”APP，请问这两者是如何平衡的？又是怎么做的推广？

彭雷：C端产品线是放弃的，我们没有办法同时做好B端和C端，客如云专做B端，产品从销售、安装、维护、运营整个链条做好，各个环节效率做到极致，这对为一个创业公司来讲，是很专注的。

C端的话，对接百度的资源，其他O2O入口的一些资源，尽量和合作伙伴合作来打造。这是我们目前在平衡B端和C端的一个选择。

主持人：您的前东家24券曾跟资本方激烈对峙，你们现在如何与百度之外的其他投资者打交道？

彭雷：在我离开之后，大概9个月，24券原来的合伙人与资本方出现很严重的对峙，我不会去评论谁对谁错，只能说因为缺乏沟通，导致出现这样极端的情况。

我自己创业时，肯定不会面对这样的情况，因为我和我的合伙人，以及财务投资人或是战略投资人讲过，从一开始就建立的互信的长期稳定的沟通渠道，大家的利益，未来的战略目标，存在的风险，都有一致的目标，是非常支持、同步的一个团队。

主持人：某知名创业者说，绝大多数公司80%的会议都是可开可不开的。请问你们目前有多少时间花在开会上？在这方面有什么感悟？

彭雷：80%的会议可开可不开，可能稍微夸张，开会本身要控制，要有明确时间、地点、参与人，要有明确的输入和输出。这方面，我们有一些心得，把重要的会集中在某一天，大家那一天都要参会，人尽量不安排外出，后面几天大家各自外出，中间穿插一些必须要回来的会，通过有效、固定的时间沟通，减少因会议打乱自己工作安排的情况。

主持人：如果已经出现3家以上的巨头在一线城市崛起厮杀，创业者在二、三线城市复制巨头模式，在当前的信息扁平化时代是否还有意义，会不会遭到巨头的碾压，O2O的线下资源能否成为壁垒？

彭雷：这个问题因模式而异，O2O这个概念太宽泛了。有些事情有极强的线下壁垒。比如，不管BAT还是美团、点评来做，都需要做跟你一样的事情，当然是有壁垒的。有的可能不是这样，可能线上的环节即可直接完成大部分工作。因模式而异，不能一概而论。

创业者在二、三线城市摸索一些模式，在一定区域内做到一个闭环，让这个闭环有一定有机的增长，增长的速度也是能看见的。不管是自己做大融资，还是和BAT去谈，都是有一定资本的。在一定区域内做成模式是对的。

主持人：客如云目前的竞争对手有哪些？

彭雷：从我们现在的模式来讲，凡是给B端提供过去的信息化服务的公司都是我们的竞争对手，传统的餐饮信息化软件的公司，以此为代表的包括一些给商家做其他信息化附属品，如微信、网站建设，给商家做摇一摇等线上营销活动的公司等。

客如云的立场是行业内唯一一家能够将所有信息点，横向、纵向全部打通，形成网格的一家公司，这是我们产品上的优势，我们有预定、排队、外卖、点菜收银支付、会员卡、优惠券以及完整的供应链管理。对客户而言，数据链横向纵向打通的价值是最大的，这也是客如云与其他友商不冲突的地方。

主持人：您对早餐O2O怎么看？对餐饮配送的高成本有什么好的解决办法吗？

彭雷：早餐O2O这个事情还挺有意思的。有些分析不一定很准确，仅供参考。第一，客单价太低是一个制约点；第二，用餐时间太短，对配送的准时性要求很高，如果不在那个时间点送到，对客户来说就是垃圾甚至是一种骚扰。所以客单价与配送准时性包括物流成本的不对等，是一个挑战，我觉得还需要创新。

主持人：会不会出现功能类似收费更低的竞争对手。线下有所谓的烧钱补贴做规模的，您怎么看？

彭雷：永远都会有竞争对手，竞争对手跟你打，不外乎几种。一是产品比你好，这样我们要继续强化我们产品的研发投入；二是销售比你猛，那么我们要扩大销售规模和运营能力；三是融的钱比你多，那么就打价格战。

O2O行业的竞争对手，最终都是这三把斧劈来劈去。不管谁来和我们竞争，就这三件事，第一产品是不是比你好，第二运营安装服务体系是否比你高效。如果这两件事都一样，就看谁融的钱多谁就可以占有这个。所以我说客如云的立场，如果这三件事我们做到齐头并进，这样我们不惧怕任何竞争。

融资时看的是团队能力

——对话嘉宾：51社保网创始人 余清泉

主持人：请问融 A 轮和天使轮有哪些区别？投资人主要对你们进行了哪方面的考核？拿到 A 轮的时间用了多久，过程顺利吗？

余清泉：在融天使轮的过程中，发生了两个小故事。当时，王啸与我们仅仅谈了十几分钟，他就对 51 社保网无论是在市场拓展，还是发展空间方面有了初步的构想。然后，他就开门见山地问我们需要多少资金。另外就是在融天使轮的时候，我们只见了三位投资人，其中王啸和吴世春都想要领投。为此，两人互不相让，最后通过协商的方式解决。所以总的来说，我们融天使轮的过程还是很顺利的。

通过这两轮融资，我们觉得团队在融资的过程中起着非常重要的作用，团队是否融洽会影响到融资的进程。我认为我们的团队是十分融洽的，并且分工明确、各司其职，这也是我们融资顺利的重要原因。

融资的时候还应该提供很多量化的数据。因为融资过程中光喊口号是没有用的，创业也需要精细的测算。在我们公司内部也非常推崇量化管理。正是通过量化管理，才提高了我们的效率，降低了我们的成本。

另外，我觉得融资时找对人很重要，尤其是要找到懂你应用的投资人。

主持人：我要社保网是 51 社保网的前身，最早成立于 2007 年，说说这几年你都是怎么过来的？为什么最近才想到去融资？之前一直没有进行公司化运作吗？

余清泉：在 2007 年的时候，我以一种兼职的形式成立了我要社保论坛，专门向有这方面需求的人群讲述社保信息。那时，经过我的努力，使得论坛从无到有，再到 20 万注册会员，最后使其成为全国最大的社保专业论坛。

2011 年，我正式开始创业。其中有两个原因，一是 2010 年 10 月 28 日《中华人民共和国社会保险法》（以下简称《社保法》）的颁布，使我预料到社保行业将会有非常广阔的发展前景。二是之前积累的庞大会员，使我有底气和信心进行创业。

在 2011 年～ 2014 年的三年间，我主要做了三件事。第一是写书，我当时梳理了全国各地的社保政策的工具书，这些书现在还被当成社保从业者入门必读的

“红宝书”。第二是做社保培训，当时我开创了国内首个针对社保从业者的职业培训。第三是研究社保服务，我在这期间和大量的人力资源服务机构的同行和社保代理机构进行过深度的交流。最后我发现了一个问题。是以前中小微企业服务价格过高，不是因为价格歧视，而是因为服务模式太过落后，从而导致效率低下，人力成本过重。

2014 年，我开始决定全面转型，集中精力去探索互联网化的社保服务。我认为当时的行业已经非常成熟，并且人们的社保意识正在逐渐提高。另外，互联网企业都开始专注和聚焦自己的主业。还有就是我认为经过多年的研究我已经找到了解决效率低下的新服务模式架构和解决方案。不过，最重要的原因还是找到了适合的合伙人，我们之间的精诚合作使我有信心让互联网社保模式取得成功。

主持人：完成 A 轮融资后，打算在哪些方面做出升级？

余清泉：A 轮之后，我们主要要做三件事。第一是产品技术。一方面需要把现有的产品技术团队进行扩容。另一方面，要按照既定的节奏推出新的产品或进行迭代优化。接下来会推出一个免费的 EHR 品牌，并集中聚信几个观点十分紧密的核心功能。我认为把握产品运营的节奏是至关重要的，什么节点该是什么功能，什么阶段关注什么重点都需要明确，切忌大而全。

第二是 A 轮完成后我们要加快扩张的步伐，并尽快完成 15 个直营分公司的建立。然后通过对服务数据的动态分析，在有需求的地方继续完善布局。另外，要逐步对全国 300 个城市的服务模式网络加强管控。最后大力推进互联网社保模式的全国落地。

第三是做互联网服务模式的全国适配。我们的分公司经理到位之后，第一个月是没有业绩要求的，他首先要做的工作就是快速地把当地服务要求标准化，并融入线上产品品牌。

主持人：这几年，做论坛的天涯和猫扑等逐渐销声匿迹，而同样用论坛聚集粉丝的小米和魅族却赚的盆满钵满。我们注意到你们团队也专门在主站之外做了一个 51 社保论坛，可否讲讲是怎么做的？做论坛有哪些得失？

余清泉：我们的论坛和主站是一脉相承的。与猫扑等娱乐论坛相比，社保是一个政策咨询较多的领域，同时也更侧重应用知识的引领，所以当时我们主要的工作还是做知识运营。

当我要社保网转做互联网社保服务模式之后，其还带有较强的商业属性。因此，我们决定仍然保持论坛的独立属性。论坛未来的定位仍是一个公益性的行业垂直论坛，我们也会将以前一些收费的社保培训业务逐渐转化成公益性的培训。另外，我们还会以论坛为依托做一些知识分享的工作。

主持人：我们注意到51社保与3W咖啡、黑马会等创业服务机构也都有合作。具体是怎么合作的？他们能从中获得什么好处？

余清泉：我们其实和这些创业媒体有很多的合作。一方面，我们会为他们的孵化器协会会员企业提供各种创业服务；另一方面，我们会利用自己的专业优势为创业者去做一些关于行业规则、社保政策知识等方面的辅导和咨询。

主持人：全国各地因为政策不一，在社保方面是否也会面临地区差异问题？你们如何解决？是否需要投入大量人力？

余清泉：互联网社保服务模式说到底是一个O2O的模式。与美甲、按摩等行业不同的是，互联网社保模式的服务流程要受制于各地社保政策的要求，从而不能完全脱离自身去自行定义，所以相比其他项目来说门槛会高一点。

我觉得要解决这些问题，顶层设计非常重要。在顶层设计中，需要有专家级的人去梳理各地的事务，并能站在一线去处理核心规律。另外，技术一定要跟上。如果没有一套系统的技术，那将对全国的服务带来灾难性的影响。还有就是需要有互联网的思维。抓大放小、管控数据、协同经验以及快速迭代等都非常重要。只有做到以上几点，才能更好地应对挑战。

主持人：社保并不是一个十分大众的市场，怎样做成较大规模是创业成败的关键，在这方面你们打算如何布局？

余清泉：对于国内的社保市场，我认为以社保为切入点而进入的市场空间是非常大的。其实，我们的社保模式都是在学习国外的对标公司 zenefits。在这种服务模式发展的过程中，有人提到能不能为社会提供更完善的服务，而不仅仅局限于个人。当然，我们会逐渐完善服务体系，希望不仅能够惠及个人，还能造福社会。

在社保领域取得成功的关键，我认为首先要做好服务。未来互联网社保服务模式的发展趋势肯定是价格越来越低，效率越来越高。所以说服务效率的高低会成为创业成败的一个关键点。在这方面我们积累了非常丰富的经验，相信一定能够抢占市场先机。

此外，互联网社保服务模式的覆盖范围和覆盖群体会越来越广阔和全面，对于我们来说一定要加速布局，以适应不断变化的市场环境。

主持人：在宣传方面打算怎么做？可否讲讲今后的计划。

余清泉：接下来，我们会有一些针对性的市场投放。此外，还会根据客户定义和市场的精准定位去适时调整宣传计划和宣传力度。当然在这个过程中，不仅仅会采取广告的形式，还会以一种知识运营的方式去做有影响力的营销。

主持人：在融 A 轮的时候，要不要找 FA（金融投资顾问），有什么需要注意的地方？

余清泉：我认为 FA 最大的好处是他们了解投资圈，了解哪些人是关注你以及你的产品的，所以他们能帮你找到合适的投资人。如果是一个较偏的创业项目，通过 FA 能帮你节省时间以及提高效率。

主持人：项目负责人对行业的痛点是不是决定了他们会不会投资这个项目？

余清泉：其实，每个投资人的风格都不一样。天使的时候他可能考虑最多的还是行业痛点。不过，总体来讲 VC 还是比较理性的，他会综合的、全面地去分析是否需投资某个项目。

主持人：新“国十条”下，请谈一下社保和商业保险今后发展中的合作。

余清泉：社保和商业保险肯定是不可或缺的。这两块应该是一种互补的关系，所以在做设计的时候，需要非常精通社保和商业保险，在这个基础上，去做针对性的设计。我个人非常看好该领域的发展空间。

投资人看项目：趋势、时机、团队

——对话嘉宾：绿狗网CEO　张馨心

主持人：请说说您的创业经历？您之前四次创业都做得很不错，可否详细讲讲？

张馨心：我有四次创业经历，还算比较成功，第一次创业经历是工作第一年开始的，一次出差机会发现儿童四驱车的商机。我是个充满好奇心的人，当时看到省体育馆很多人围观，中间是大大的赛车轨道，很多孩子坐着四驱车赛车。后来，我在河南地级市做了这个四驱车的总代理，没想到这个玩具非常火爆，由省城引到地级市后，小孩非常喜欢，做了将近两年，也赚到了人生中的第一桶金，一个月的收入抵得上工作中一两年的收入，到 1995 年时大概赚了几十万元。

当儿童四驱车在地级市已经比较普及，并且出现其他非品牌的四驱车时，我又发现了另外一个商机：桶装纯净水进入普通百姓生活中，当时报纸出现一篇新闻——上海出现桶装纯净水的生活方式。

我就拿着做四驱车赚的几十万元引进了一套生产桶装水的设备，当时有人质疑：自来水还嫌贵，谁会喝一桶 15 元的纯净水。很多人不看好，劝我去做市场调查，但我非常看好这个市场机会，中国一定会像美国一样让纯净水走进千家万户，改变我们的生活方式。这个事业从 1995 年下半年做到 2001 年，差不多 6 年多，这 6 年多是中国桶装饮用水发展的大好时机。后来我们也生产饮水机、桶，并且面向整个河南省提供批发业务。

2001 年年底到北京后，一次创业是做律师事务所——北京市帮到律师事务所，一个是拍卖公司——汉秦国际拍卖公司。一个是从 2003 年开始，一个是从 2009 年开始，现在这两个公司还都存在，目前我全身心地投入互联网法律服务领域。

律师事务所定的目标比较清晰，让几十位律师人均收入达到 50 万，不到三年我们实现了，在做律师事务所的同时，我看到互联网的蓬勃发展，也想用互联网方式做法律服务，但当时市场不成熟，而当时拍卖市场进入鼎盛时期，于是开始了解这个市场，去清华美院读书对书画这个行业有了更多的了解，2010 年拍卖公司成立，2011 年成功举办第一拍。

这时我又发现另一个商机，一次偶然的机会，看到一篇报道说美国有一家法律服务电商申请了 IPO。而我一直有一个梦想：用互联网改造中国的法律服务市场，当我看到这个报道，我知道我七八年的等待终于可以有机会实现。

主持人：微信群是一个很神奇的地方，CEO说从诞生到现在都是通过微信群，据说当年戴志康也是在某个互联网圈的微信群发现了您，才有了后来的投资故事？

张馨心：绿狗网的融资确切的说是两条线，一条线来自微博，一条线来自微信。

第一轮融资有三个投资机构：晨兴资本、真格资本及戴志康基金，晨兴资本、戴志康基金的融资来自于微信这条线，真格资本来自微博这条线。

重点讲讲来自微信的这条线，戴志康是如何发现绿狗网的。我当年也是在微博上看到了一个大号，说加入了一个微信大牛群，各种有名的人物都在里边，当时我刚刚做绿狗网，非常希望能够加入这样的微信大牛群，所以我跟帖问如何才能加入这个群。后来我发现我的一个朋友也在这个群里。很荣幸我进入了这个微信群，确实我发现里边很多互联网大牛，其实一开始对里面非常有名的人物并不是特别了解，但有一些我还是知道的，如戴志康、马化腾、蔡文胜等。另外，群里还有很多新浪、百度的风云人物。

刚进去时并不说话，只是观察、听别人聊什么，当时戴志康也不怎么说话，直到我把绿狗网标准化的产品研发出来，把链接分享到群里，引起了热烈讨论。

还是不少人持反对态度，认为法律服务不可能用电商方式去运作，也有人说国人的法律意识不够强，这种商业模式不可能在中国得到很好的发展。我就把我近十年对法律行业的认识，法律行业两端存在哪些不透明，存在哪些痛点需要改进的地方与大家进行了分享。

随后两天，我又把两款名称有趣、流程清晰的产品发到群里，戴志康便加我了。我就问周边朋友，你们认识戴志康吗？他们说戴志康是他们的偶像，非常了不起。

这时是2013年3月，绿狗网当时上线七八个月，那时候不光是在微信群里大家对绿狗网现象做一些分析探讨，在新媒体、自媒体端也引发了关注。3月，钛媒体、创业家同时发布了两篇文章，从不同角度探讨了法律服务电商的可行性及绿狗网的现象，我想这个报道戴志康应该也看到过。报道出来后，又有十几家投资人找上门来，分析探讨投资绿狗网，这时我才开始接触到各种VC。和戴志康加为好友后，他也很直接约见我并说是否有投资机会，于是我们就约在我的办公室。他不像其他投资机构先听然后回去研究再走各种投委会的流程，我们约见的那天中午，他听我和团队分享了不到半个小时，就立刻推迟了本要赶回去参加的另一个聚会，跟我探讨估值，想把融资的事当天定下来。

主持人：晨兴创投刘芹说，晨兴挑项目有三个过滤器：第一找趋势，第二寻找进入时机，第三看人。绿狗网为什么最后被挑中了？

张馨心：刘芹有自己非常清晰的投资逻辑。投资绿狗网，第一他认为中国消费升级的时候到了，随着消费升级，服务业、法律服务业也遇到了发展时机，人们对法律服务的需求也会随着物质丰富得到提升。

第二，刘芹投资看人，我跟刘芹第一次见面时，他跟我说，戴志康说你是一个传奇的人物。第三，刘芹看时机，商机模式也好、消费也好是否已经到了爆发前期。

在我做绿狗网之前，中国的法律服务电商已经有两三家。戴志康与刘芹发现，庄辰超也准备投一家法律服务电商，他们都认为到了投资法律服务电商的时候。

正如刘芹、戴志康所判断的，他们是 2013 年投资的，我们做 VIE 架构做到 2014 年 1 月，在 2014 年中国已经有上百家法律服务电商了。

绿狗网被选中，正是符合了刘芹的三个逻辑：一是消费升级，二是看人，三是进入时机。

主持人：绿狗网是如何做品牌的？为什么要坚持用这个名字？很多法律界人士说绿狗是对律师的不敬，你们是如何应对的？

张馨心：绿狗网从诞生那天起就立志要做到全球第一的法律服务电商，目前在国内专注于创业法律服务，目标客户群锁定于初创企业与创业者，通过为创业者提供法律服务打造一个创业法律服务生态圈。

绿狗网的域名和名字来自于微博上很多人的参与，是众筹、众智出来的一个品牌。当时征集绿狗域名时，一个在美国做工业产品互联网网站的亚太联络官起了个名字 LegalSiri.com，有了这个域名，我们要起中文名字，也是来自于 Legal

的谐音，所以选定了绿狗这个名字。

一旦选定域名和中文名，我们进行了一系列保护性商标注册，把legalsiri、legal、绿狗、lvgou及logo、宣传语、域名都做成了商标进行了保护。绿狗这个名字在一般律师眼里好像有一些不恭敬的意思，但我在和同行交流时发现，一般知名大律师，他们听到这个名字是很兴奋的，他们认为律师就是一个权力、法律的守门狗，而普通、年轻、不太知名的律师，不具备自嘲精神的律师确实是持反对意见的。绿狗这个名字传达的是一精神。绿代表着青春、有活力，狗代表着忠诚。

主持人：现在很多企业到B轮、C轮可能就选择不融资了，直接去新三板上市，您怎么看？绿狗网会这样做吗？

张馨心：我非常支持企业不做B轮、C轮，直接去上新三板，中国的A股市场会有将近十年的火爆期，虽然中间有起伏但都很正常，目前来看回归A股，上新三板是趋势，是时机，也是资本盛宴，绿狗网也不会错过这个时机，正在接受人民币的投资，正在拆VIE，做得快的话会在2015年年底或2016年年初上新三板。

主持人：有不少法学院学生兼职为绿狗网做代办，比如帮人代办营业执照、代办商标注册等，请问你是怎么吸引他们的？这些人月收入能拿到多少？

张馨心：代办营业执照的有法学院学生和其他学院学生，但商标是专业代理人或专业律师来负责办理。

学生做代办人是依托于我们人人都能成为代办人的一个系统，他们每月接30～60单，按照规定，开始每天接一单，如果获得好评，一单是330元。如果30天每单都是好评，月收入应该是近万元。当他们好评达到50单后，可以每天接2单，月收入是2万元。这对一个刚毕业的法学生是很大的诱惑，即使每月做20单，月收入也超过6 000元，比专车司机的收入还丰厚，专车司机还得有辆十几万的车，而做绿狗网代办人很简单，参加我们的两天培训，经过一次笔试考核满90分，就可以开通账户成为绿狗网的代办人。

要想吸引学生做兼职，先找到几个法学院学生，当他们收入达到 5 000 元后，就会向他身边的朋友推荐，有一个传播与轰动的效应。

主持人：绿狗在全国各地的布局是怎么做的？最大的难点是什么？

张馨心：法律服务分两种，一种是标准化服务，一种是非标准化服务。

对于标准化服务，全国布局比较简单，比如说知识产权，知识产权代理与维权包括商标、版权、专利，不需要在全国各地设点，只需要在网上下单，在网上提供服务。

而介于标准化与非标准化之间，可以做成标准化但随着各地政策不同而做的公司注册就不太容易做到全国布局。各省市政策不同，服务流程也略有区别，就需要锁定几个创业者集中的大城市，而不会分散过多人力、物力，目前我们主要锁定北京、上海、广州、深圳、香港、太原等几个城市，随着发展我们也会开辟一些其他城市。

对于非标准化的法律服务，全国布局比较难，因为不能标准化，要用 O2O 的方式去做需要花费很多人力、物力去布点或者找到合作机构，无论是律所还是律师都要拿出很大精力去做。因此对于非标准化的法律服务，绿狗网还不能做到全国去布局。

主持人：当下做法律电商的很多，绿狗网打算如何与友商竞争去抢夺这块蛋糕？

张馨心：首先如何去竞争做这块市场，最重要的是服务质量，如何把控服务质量需要去建立两个体系，一是培训体系，二是在线服务的 SaaS 系统。

我们在 2014 年全速发展时，用过地推，但仅仅是线性增长。而即便是增长，服务也很难跟得上。所以服务是竞争中重中之重的一环。因此，2014 年下半年与 2015 年上半年，我们沉下心来，开发服务商在线服务的 SaaS 系统，把服务的节点标准化，同时建立了线下的服务培训体系，只有在这两种体系建立起来后，这样才能应对更大的竞争，应对几何式的增长。在前端的用户量增长上，绿狗网并不担心，因为这个随时都做起来。

关键还是如何能够把控服务质量、服务速度与解决服务人数的问题，绿狗网目前也解决了这些问题。我们有一套服务商在线服务的 SaaS 体系，有线下的服务培训体系，两种相辅相成，再加上我们强大的市场运作能力，未来应对竞争我们是有把握的。目前在法律服务电商市场，从品牌来看我们暂时领先，但我们也应有危机感。

主持人：绿狗网定位是针对初创者的法律服务类网站，但是现在民间法律需求量很大，服务于大众也更接地气，绿狗网是否会向这个方向衍生？

张馨心：现阶段我们会专注于做创业法律服务，不会去做家庭、个人日常生活的法律服务，我们在 2013 年做过此类法律服务，家庭、个人对法律服务的需求是触发型的，非高频次的。我们先把创业法律服务做好，未来 5 ～ 10 年再去考虑个人法律服务。

主持人：绿狗网如何处理与股东的关系？

张馨心：在企业中，股东与企业一般有三种关系，一是纯粹出资关系，二是既出资又出力，又在公司担任职务的关系，三是给予的期权，不出资，在公司担任职务的关系。

这里既有纯粹的股东关系，又有复杂的股东 + 同事的关系，又有投资人的关系。与投资人处理关系，这个比较简单，把源头做好，选择比较好的投资人。选择投资人就不要选择那些没做过投资也不太有名的投资人，这样的投资人进入之后很难处理关系。要选择真正的 VC 或天使投资人，他们是非常有经验的，这样的投资人关系比较好处理。

还有一些是与你一起打拼创业，既出资又出力的股东，这得看分工，选择的时候，一定是每个人的专业领域、优点优势不同，形成优势互补的团队，某一个创始人专做他擅长的事，其他投资人或股东不做过多干涉，只有到开股东会时，大家才群策群力，按你代表的股东权益去发言。

对于授予期权的联合创始人，这种关系也比较容易处理，签订期权协议时约定好权利和义务，这样的期权持有人一般不参与股东会议，只是在公司经营管理过程中，有发言建议的权利。但在公司重大事项决策中，期权持有人没有投票权。

主持人：您和友商保持怎样的关系和联系？有什么样的故事？

张馨心：我刚开始做绿狗网时，已经有两三家在做。我们想做一个论坛，希望邀请到这两三家公司的 CEO 或创始人一起参与论坛。后来又有了更多法律电商，我们和友商的关系既是竞争对手又应该互相尊重，也有可能将来会成为一家人。

主持人：请问对初次创业的人在融资上有什么建议？

张馨心：第一，要找到优势互补的创业团队，你的创业团队是否有过成功的案例，是非常吸引天使投资的地方；第二，商业模式和逻辑是否清晰，这也是吸引天使投资的重要方面；第三，要有非常好的、简洁有力的商业计划书，以及逻辑演讲的能力和创业激情。

主持人：绿狗网与前面两三家法律电商的服务领域差异和竞争能力差异是什么？

张馨心：我们的竞争优势和不同在于，我在做绿狗网之前，有两家已经做了半年了，而这两家法律电商的创新能力略有中足，从他们网站格局来看，基本是照抄照搬美国的法律服务电商，中国法律服务的社会背景与美国完全不同，我们可以借鉴模式，但要根植于中国本土，研发出符合中国人需求的法律服务产品，在这点上一定是需要创新才能立足的。

速度和效率更重要

——对话嘉宾：嘀嗒拼车联合创始人　朱敏

主持人：请问嘀嗒团的失败给你们带来哪些比较惨痛的教训？是否为嘀嗒拼车项目带来了好的经验？

朱敏：这个问题对我来说挺尖锐的，但我还是很乐意回答。嘀嗒团确实是我一次不成功的创业。这个过程对我来说还是有很多的收获，也有助于我尽快在第二个项目中成长。团购部分给了我们几个比较大的教训，和大家分享一下。

第一个最主要的教训是对于整个市场发展的残酷性和这个市场未来的走向缺乏估计。最直接的结果就是我们在融资方面速度相对比较慢，在早期的时候甚至拒绝了好几次投资，认为资金方面并没有多大压力，最有效的融资方式出现明显的差异。

第二个是在一个高速成长的市场里，速度和效率更重要。之前我们更注重的是效率而丢掉速度。在中国的互联网环境里，无论是马太效应是这个行业老大都有非常强的聚集效应。所以我们在团购市场里并不是追求行业第一，而是追求小而美、追求一个平衡，这一点对我们来说是一个致命的失误。所以我们在停车领域非常坚持在这个行业的最前面！

第三个是对于用户的重视。我们在团购的市场其实也是一个商业平衡的部分，但是在商家和用户的利益中间到底谁更重要或者前期更加偏重于哪个部分，我们还是犯了错误。美团是非常注重用户体验和用户利益，在用户体验方面做了很多创新，我们还是过多的偏重于平衡。目前在中国互联网市场，用户是最重要的、也是最需要我们保护的。所以在新的创业中更加重视用户，用产品的方式去体现用户的利益、体现产品的价值。给用户带来更大的优惠和实惠是我们采用的主导思想。

总结来说就是三点：第一是速度，第二是快速的融资，第三是注重用户的价值。

主持人：嘀嗒之所以能完成拼车领域最大规模的1亿美元融资，关键应该在于用户规模较大吧！您认为在用户获取上，你们为什么比友商要做得好？

朱敏：5月6日下午完成了1亿美元的C轮融资，在行业里面是走的最快的。投资人对我们的看法当然也是基于前期规模做得比较大。之前的观点我们认为最大的 player（说家）有机会拿到最好的发展态势，那为什么我们做得比较大？我把它分为软硬两个部分。

从硬的来说，我们的 B 轮 2 000 万美元融资在新年元旦期间就已经搞定，非常快。目前我们对乘客来说价格最便宜，对车主来说我们的补贴和激励最高，包括市场投入也是最多的。前期一直保持高速的扩大用户增长。在软的部分是基于马太效应，马太效应在拼车领域非常明显，类似于社交网络，玩的人越多越好玩。

每一个拼车人都希望尽快拼到车，过程比较愉快、比较顺路、路线很熟悉、是自己的邻居、距自己上班地点很近等。这些都有赖于数据量的增长。

当我们处于这个行业最大品牌的时候，我们在双方的撮合速度上非常快，这样能够帮助我们迅速的成长。看看百度指数就能看到我们甩开竞争对手的速度是非常快的。

其次我们一直非常注重信息撮合。拼车市场需要海量的用户、海量的车主，因为海量用户才能够撮合到最快的订单。走到行业前面才会快速甩开第二名、第三名。其次我们体现比较高的产品效率。非常注重匹配，鼓励用户下单选择正负十五分钟、不鼓励个性化订单、不鼓励分车型，能够让用户尽快下单，从而得到较高的匹配。

主持人：能获得巨额融资，肯定也与你们的团队密不可分。嘀嗒团队 5 位高管全都有谷歌、百度、雅虎、惠普、诺基亚等知名公司多年的工作经验，如此豪华的阵容，请问贵公司 CEO 宋中杰是怎样说服你们加入的？

朱敏：首先我认为并不是宋总说服我。我们几个合伙人是非常积极的走到一起的。最重要原因，我不认为待在大公司能够有机会让人成功、造福于人或者为社会做点什么。出来创业对我而言是最重要的也是最愿意的一个选择，那为什么会和我们几个合伙人走到一起？其实最重要的还是来自于我们能做的市场很大，无论是团购还是拼车领域。

主持人：请问嘀嗒目前在线上投入多还是线下投入多？拼车领域 O2O，是线上更难做还是线下更难做？

朱敏：目前来说，在线上和线下都有大规模的投入。因为它是一个飞速发展的市场。所以说在任何一个层面都有较大的投入。难度的话，坦白来讲，我认为目前线上线下其实都有一定的难度。

从效率来看，并没有体现特别高的效率，社会化传播反而是最小的一步，所以我们现在所看到的无论是通过网友口碑，还是相互了解和朋友介绍，我们通过企业月活动，每个企业通过企业邮箱的方式进行注册。拉到五个人可以获得两张优惠券、拉到十个人可以获得三张，拉到更多人会获得更多优惠券的方式是十分有效的。

线上线下投入是必需的，而且是尽快的。面对迅速膨胀的市场，应该迅速去做，而且用最聪明的方法去做。我们更多采用口碑传播、朋友介绍包括一些企业的活动，通过这些方式目前是最高效的。

线下这个难关是一定要过的，尽管它很艰难。它在品牌树立、品牌传播都是非常重要的一部分，尤其是在一个相对全新的领域。对拼车来说，改变用户的行为比较困难。所以在线下和用户面对面的沟通是非常重要的，所以线下这个难关，总体来说，我觉得还是非常难做，可能还需要找到一个合适的方法。

主持人：快的天使投资人李治国说，打车领域的第一个进入者，花几十万就可以就可以把一个城市做起来，但第二名要去攻这个市场的时候，要花几百万甚至上千万。请问你们目前已经占领了哪些城市？哪些城市还处于被动？在城市布局方面有哪些心得？

朱敏：我非常同意这位投资人的看法。在进入一个市场的时候，第二名要想做到这点需要付出好几倍的成本。滴滴进入这个领域我可以断言它要付出更高的成本才能够做到我们现在的规模。确实是先发的优势比较快，第二年再去做确实是比较难。我目前是 13 个城市，接下来还会再进入 5 个城市，目前嘀嗒所在的城市里面，除了在杭州市场上没有明确的领先优势，我们在其他城市都有都较大的领先优势。

我们自己预测的情况是在北京占有 50% 左右的市场份额，在上海和广州的占有 70% 以上的市场份额。在其他城市我们都是第一名，除了杭州。在城市布局方面我还是认为中心大城市是最重要的。北京、上海、广州、深圳是我们最行进入的城市，目前无论是从投入还是从这个城市拓展来说我们都是第一位。在其他城市的这个布局还是相对明显，我们的对手也在这些城市的投入较弱，这样给我们带来一个比较充分的发展的机会。对于城市的布局，接下来将会快速进入更多的城市。

主持人：滴滴很快也将推顺风车，这是要与嘀嗒等拼车公司正面较量？创业究竟是要专注做好一件事还是要多方位布局？您怎么看？

朱敏：滴滴推顺风车对我们来说确实是一次很大的考验。但是这没什么可怕的，对任何一个创业者来说都会面临竞争，甚至是很大的竞争。

面对这件事，我们整个团队还是非常乐观的。因为它预示着这个市场将会迎来更大的井喷期。我们现在面临的最大困难并不是对手的竞争，更重要的还是用户习惯的改变。要知道大量用户对于拼车的过往体验并不好，包括各种安全和心理的担忧。

以北京为例，每天有近300万辆出租车的使用量。拼车领域是十多万左右，所以说市场非常广阔。对于我们来说，专注做好拼车或顺风车市场，并没有考虑进入其他专车领域。对于创业者来说，前期集中精力做好一件事是非常重要的。

顺风车市场根本没有国外的现成案例可以参照，完全是中国的创业者在执行摸索。现有产品的形态和体验并不是终极模式，它还存在非常多的可演进部分。顺风车绝不仅仅是现有交通形式的一种补充，它作为独立的业务形态能够创造相当广阔的空间，就像Airbnb提供了一种完全不同的体验。当你出国的时候你可以选择希尔顿酒店、香格里拉，或者普通的民居，这是完全两个不同的市场，对创业者的要求和用户的体验是完全不一样的。所以说我们会专注于顺风车市场，希望能走出自己的特点。

主持人：滴滴快的依靠烧钱补贴，将绝大多数竞争对手都“干”掉了。请问嘀嗒现在每天也烧钱很多吗？

朱敏：我们并不崇拜烧钱。产品的发展是我们的主要精力所在。顺风车属于轻社交工具性产品，所以产品是最核心的部分。

面对中国市场，烧钱被认为是最行之有效的方式，从乘客的首单奖励到评价奖励到再次使用的优惠券，嘀嗒的投入也很大。但是嘀嗒能够快速进行融资，并不害怕烧钱战争。而我们更大的投入是对车主行为的改变，鼓励车主能够以优质的服务搭载乘客。

对嘀嗒的私家车主来说钱并不是最主要的衡量标准，而对于专车或一些B2C的领域，经济利益可能是导致供应商分流的最核心因素。拼车市场更偏重于社交，车主对顺路、乘客质量、体验的要求很高，这就有利于我们在产品和现有平台上形成一定的竞争壁垒。

主持人：现在专车服务爆发，但用户忠诚度还不算高，而且产品比较同质化，请问朱总在烧钱大战之后，除了先发优势和价格优势，还有哪些核心能力能让专车服务提供者走远呢，在红海中占据市场地位？

朱敏：整个用车服务包括专车和顺风车，细分比较重要。无论是在高端的服务市场，还是终端的类似于出租车服务、顺风车服务，包括巴士服务等，各个领域都存在很大的差别，无法完全用一个模式解决。所以我认为要做一个细分化的服务。

在细分化的服务里，以专车为例，产品还要有差异化。易到是广泛派单乘客选择，滴滴是广泛派单、司机抢单，Uber是直接一对一派单，所以这就是明显的差异化。而在预订方面，Uber不接受预订，其他的都采用预订方式。即使在专车这个看似同质化的领域其实产品也不一样。

在拼车领域，我认为产品表现形态会完全不同，对用户来说，乘客与车主基于一个相同或相近的目的地，在搭乘的过程中会产生很多的互动、乐趣，而在专车市场这种社交属性是比较弱的。

主持人：怎样看待Uber的加入对中国“互联网+出行”行业的影响？最近他们的力度也比较大，还确实有一些比较吸引眼球的活动。另外之前有风声说你们可能会像滴滴快的那样“合作”，你怎么看待这个传闻？

朱敏：Uber是我非常尊重一家公司。他们通过闲散的社会资源提供专业的服务这部分做得非常好。同时也表现出了在中国市场中异于其他的外来竞争者，他们的本地化能力属性是非常值得我们去学习的。

对于嘀嗒来讲，我们专注于做顺风车领域，和Uber并没有正面的竞争关系。面对合作我们是抱有开放心态的。不过嘀嗒所在的拼车市场是会产生巨头的市场，是可能产生五十亿以上估值的市场，所以我们对自己的独立性还是非常有要求的。

主持人：刚起步时主要的线上推广渠道有哪些？哪个性价比高？

朱敏：我们在刚起步的时候主要用的是线下推广。线上推广在品牌非常弱的时候效果很差。因为我们的产品是有路线集中度的，最开始都是在天通苑、北苑、望京、国贸、三元桥等地区的写字楼和小区推广。在我们前期冷启动的时候效果相对来说是明显的。在冷启动的时候，很难谈到性价比，相对来说，如果你能够在网络上通过话题进行传播是最有效的。

主持人：你觉得你们的市场优势是什么？以什么模式来抢占市场份额？有没有打算并购上市的想法？

朱敏：目前从数据上来讲我们是远远超出竞争对手的，但我们的危机感很强。所以刚刚开始谈优势可能相对早了一点。但目前在拼车市场我们所在的城市的用户量都是最大、用户匹配度也是最高的，这样可以帮助我们做很多精细化的运营，给车主和乘客带来更多个性化的选择。并且能够给予车主更高的资金补贴。

并购上市这方面我们总体来说还没有过多想法。

我们的拼车还是属于公益行为，我们在中间没有任何的盈利，未来也不考虑单纯的拼车盈利模式。我们目前仍有一半的收入来自广告，尤其是针对私家车的汽车后保养服务等各方面，目前与很多企业都有一定合作，在给用户实惠的同时我们能获得一部分的广告收入。我认为嘀嗒拼车最核心的价值还是在于他从车连网的部分最高频地连接了私家车的应用，这个针对广大的汽车后应用市场来说我认为是有非常巨大的盈利空间。

主持人：朱总，嘀嗒是如何做线上宣传的？是否有在自媒体上进行投放？效果如何？

朱敏：我们在线上宣传部分最主要的是在自媒体。但我们更多的还是创造新闻，然后和自媒体进行更多的沟通，包括一些有选择的主动沟通，但很多都是自媒体自发帮我们进行传播。这个效果当然是巨大的。在整个中国市场上传播并不缺渠道，其实最缺的是内容。我们主要还是希望能创造更多有趣的内容来吸引媒体主动传播。

我们在过去大概做了两个活动都取得非常好的效果。第一个活动是鼓励用户用自己手写的方式来写我们的 slogn“有欢乐不独行”，结果出乎意料的火爆，在朋友圈和微博上大概有超过 4 000 个用户主动去宣传嘀嗒拼车。第二个活动是在 5 月 20 日时鼓励拼车双方打一个用大拇指点赞的手势然后进行拍照，并上传到社交网络上来达到一定的宣传效果，而我们会给予一定的优惠券作为奖励，效果非常明显。

在微博上搜索嘀嗒拼车能够看到大量的用户自发地对我们产品进行宣传推广，其产生的效果也非常明显。所以对初创企业，我觉得还是因势利导有效地利用社会热点和用户对你的热爱去进行推广，效果会更有效。

做O2O很重要的是要接地气

——对话嘉宾：北京易召鲜信息科技有限公司CEO 张彦民

主持人：请介绍一下你们公司的情况。

张彦民：易召鲜的前身是一款高质量低温奶的北京独家总代理，已被许多消费者接受，公司目前已积累了 3 万客户，其中 1 万是活跃的。经过分析，我们认为这个消费人群会有购买其他高质量生鲜食材的潜力。我们由此确定了单品低温奶转向多品高质量生鲜食材的产品定位的转变。

主持人：您认为做生鲜 O2O 应该注意什么呢？

张彦民：要做生鲜 O2O，必须彻底摒弃传统电商思维：在很短时间内靠烧钱建成覆盖大量用户的网络是传统电商思维，这在一些非生鲜领域可能有效。而用这种思维来拓展生鲜市场，则几乎必败无疑。从 1999 年起，国内外无数电商，包括生鲜电商先驱 Webvan，都是采用这种打法，结果都折戟沉沙。

目前做 O2O 的领军者，有不少是原 BAT 高管，这被资本界推崇。可是在生鲜 O2O 领域，这些原互联网公司高管的经验并不能起到关键性作用。

主持人：你曾经提到了做生鲜 O2O，要有逆袭的思维，怎样理解它？

张彦民：生鲜 O2O 与任何传统电商都有不一样的特性，例如损耗率就是没有做过生鲜的人所没有遇到过的问题，没有多年在行业浸淫的经验，仅仅损耗率一项就会让企业倒闭。无论是线上还是线下，行业本质不会变，因此要彻底了解生鲜行业的本质。用传统电商的打法玩生鲜几乎没戏。

如果我是投资者，我会问一下这些打算做生鲜 O2O 的，问他们做过低温奶到户配送没有？如果没有，建议他们补课。

易召鲜前身是一家到户配送低温牛奶的公司，这些线下的基础设施，包括到户配送冷链已经具备。所以在互联网 + 的大背景下，升级后的它具备了逆袭的能力。

说实话，如果没有我的合伙人之前 5 年所打造的冷链到户配送体系做基础，我是不敢进入这个行业的。

主持人：那么正确的生鲜O2O思维应该是怎样的呢？

张彦民：要做生鲜，就要树立全新的生鲜O2O思维。首先要认识到生鲜O2O不是一蹴而就的事，做好打持久战的准备。其次生鲜O2O干的是苦活儿、累活儿、“脏”活儿，要做好吃苦的准备，轻轻松松赚大钱在生鲜O2O领域不存在。

前些日子，一位打算做生鲜O2O的美女级CEO和我交流。我对她说，做生鲜O2O是件损耗颜值，一点也不炫的事。呵呵！

主持人：实践表明，许多电商在生鲜领域折戟沉沙。您认为突围之道何在？

张彦民：首先，沉下心、弯下腰，踏踏实实做实业，摸清生鲜的行业本质，对生鲜行业本质的了解及把握是做好生鲜O2O的基础。

其次，务必做到服务质量最优，从产品到用户的全产业链的把控力是生鲜O2O的核心竞争力。易召鲜的前身曾做低温奶配送5年，把一个生鲜单品做到了每日服务1万用户，也算是专注、极致的互联网思维在生鲜领域的成功案例。因为有了5年送低温奶到户的经验，现在才开始敢做生鲜O2O。

主持人：谈到用户体验，用个时髦的词，你们如何让自己的用户尖叫呢？

张彦民：我们卖的是食材，不是……不用他们尖叫。只要感觉到产品真心好就行。

目前入选我们供应商名单的，我们会提一个要求：把最好的给我们。

提供最好的食材，用产品说话。

主持人：我们前段时间去山西长治的一个四线城市，当地的一个品牌的酸奶，就是从当地自己的牧场收集的奶源制作而成的，一瓶在6~7元。产品不错，价格不便宜，但销路不错。你怎样看待这个问题？

张彦民：我们认为随着人口红利的结束和产业升级、消费水平的提高，优质优价的时代到来了。别总提“免费”那个噱头，在轻资产领域，这个概念还可以打打，但在生鲜市场，“天下没有免费的午餐”。

主持人：看来易召鲜已积累了不错的线下资源，然后向线上转移，线上线下配合，在这里你有什么需要提醒打算做生鲜 O2O 的友商呢？

张彦民：这要看你是打算做一个大型、综合的生鲜 O2O 呢？还是要做一个垂直领域的生鲜 O2O ？

对于前者，我的建议是，想做一个大型的生鲜 O2O，先不要考虑建一个大型的中央冷库，先从 CEO 开始，到户给客户配送低温奶去。送上一年再说。没有这个做基础，想做一个大规模的生鲜 O2O 几乎是不能成功的。易召鲜这个公司最大的价值是其前身公司花了 5 年的时间，通过低温奶到户配送了获得了一手的到户体验。

而对于做垂直领域的生鲜 O2O，如果是从头做起，建议不要选择对冷链配送体系要求很高的生鲜食材作为产品突破口，因为这样你可以利用第三方物流。

团队建设与内部创新

——对话嘉宾：钱方支付联合创始人　李英豪

主持人：您最开始创业是在香港，为什么最后会跑来北京创业？您觉得两地的创业环境有哪些差异？

李英豪：从大学开始我就想创业了，毕业以后感觉没有什么特别好的机会，先是去了银行，后又去了 IBM。在银行学到老一辈人的创业方法。像在珠三角地区建工厂这些创业机会现在基本上已经没有了，或者是我不感兴趣的。在 IBM 学会的是怎么去做一家百年企业。IBM 有 40 万人在全球各地开展业务，它百年不倒的原因是什么，它是一个系统，到 IBM 我是学到怎样去做这样的系统，而且看到了许多商业的本质，因为我在 IBM 里面是咨询顾问。

我出来创业也是出于公司把我从香港调到北京这样的机缘。我发现这里的氛围和香港非常的不一样，北京的感觉就是中国的硅谷，这里有很多互联网、移动互联网的会议，也让我看到了很多机遇。我刚来北京是 2009 年，创业是 2010 年。当时的情况是北京在移动互联网上基本上是落后于香港 1 ～ 2 年，我认为移动互联网在香港带来的变化，随后也会在北京出现。

就创业来说香港和北京的差别是很大的。作为互联网用户，香港的体验是非常好的，互联网创业的环境却是非常差的。过去 20 年在经济泡沫之后，没有一个香港人互联网创业成就一家上市公司。因为看不到终点，所以也就没有起点。马云成功了，你看不到马云，就不会想到要成为马云。香港最近一两年特区政府、VC 也都在鼓励创业，创业环境有所改善，但对比北京、对比国内的创业环境我认为至少还要差 5 ～ 10 年。

主持人：钱方最开始的 5 个核心员工是如何找到的？您觉得找合伙人有哪些方面需要注意？

李英豪：一开始我们的合伙人其实是天使投资人把我们拉到一起的。我们的技术合伙人是之前我曾经做过的一个失败项目的技术伙伴。我们第一个 IOS 工程师是我在香港创业时合作过的一个外包公司的朋友。还有一个做行政的是我在协会的伙伴，对我们的创业很感兴趣，我就把他拉了进来。说实话除了核心的合伙人，其他的效果都不是非常好。创业者团队在不断地变化，你才慢慢地找到自己的核心团队。

关于找合伙人我的情况是很特殊的。我是一个香港人，我的导师也是我的一个投资人曾告诉我：你必须找一个本地人，对当地情况非常熟悉。我们做的是支付，我找到了一个与金融相关的本地人，我负责做互联网和产品相关的事情，这样我们就能够优势互补了。技术合伙人要找一个踏实一点的，有想法但不过于自我和自信。太过于自我的技术合伙人你是留不住他的，你会发现工作也很累。最好的技术合伙人是他技术过硬，在项目上又能够非常信任你。

主持人：钱方从2011年的3月开始一直到2012年5月拿到红杉的钱。这期间你们是怎么坚持过来的？中途有没有人离开？在最艰难的时候，如何让团队保持信心和战斗力？

李英豪：我们一开始断断续续地拿了两三轮天使投资吧！就包括当时给我们提供硬件的那个深圳厂商的老板，他自己入股了。而且我们一开始也不懂什么叫融资，红杉早在2011年8月就接触我们了。当时我们感觉天使投资还不如我们股东之间出了。当时没拿他们的钱。

其实还挺难的，到2012年5月资金链快断了，如果红杉的钱不进来，我们还要找老股东去要，可这也不是很简单的。

在一开始，离开的人是很少了。反而在资金融进来的时候，陆陆续续有人离开，有人进来。我发现一个有趣的事：坚持下来的人，有股简单相信、傻傻坚持的精神。路走到一半的时候，会发现很多问题，但也会发现新的机会和路径出现了。

如何保持信心跟战斗力，第一，我们的业绩还是不断的增长，第二，我们在寻求一些新的玩法和方向！还要看看不同的人，有些专注于销售，那就靠业绩快速增长来刺激他们。而喜欢创新的，那就参与到创新的项目中，开展新的玩法，会玩得比较开心。嗯，中间，当然还少不了“忽悠”了，这肯定是有。你在这个团队里面，应该告诉大家下一个愿景是什么样的？中间可能有人不信，但有人相信。最终有趣的事情就是：一些你忽悠的事情最终都成真了。

我在第一年的年会上，只铺了不到一百家商户，然后我说看能不能铺到全中国。第二年年会时，我们拥有五六千家商户了，基本上扩张到一两百个城市。这挺有意思，就是你今天觉得你在“忽悠”，画一个饼，可万一它实现了呢？

主持人：国内创业者都以能拿到红杉的投资为荣，但是沈南鹏的脾气可能也是圈内出了名的。请问你们是如何做到的？这中间经历了哪些波折？

李英豪：嗯，我们这边其实比较有趣。当时红杉会找我们原因其实很简单，他们是我们在美国学习的对象的主要早期投资人。他们在全球范围内寻找类似的公司。他们在印度投了一家，在中国就是我们。在我们产品还没上线时，他们就接触了我们，在我们产品刚上市不久，就和我们签订了A轮协议。后续我们达到了预计的业绩，整体来说，我们的融资还是比较顺利的。

其实在中间，投资人肯定是有一些风险控制和把控的方法。我觉得接触投资人的一点感受时，你说过的是否按照一定的节奏和步骤在实现，我觉得完成这个目标可能不是最重要，但要看到这个成长的方向。

主持人：红杉在圈内是以“买下赛道”的投资风格著称，比如同时投资了互为竞争关系的聚美和乐蜂等，他们在投你们之前或者之后有没有投你们的竞争对手？

李英豪：这个基本上没有，当时，和我们类似的竞争对手不多，他们投了我们之后，就没有投类似的公司，当时有两三家竞争对手，都被不同的VC投了。

主持人：类Square公司在中国不止钱方一家，比如拉卡拉、乐刷以及盒子支付等都在做类似的业务，钱方接下来准备如何应战？

李英豪：我觉得做了四年，像还是挺像。但是我们今天的重点，除了刷卡之外，还有整套的微信支付方案。除了面对商家，我们还推出了面向消费者的APP。其实，从公司成立第一天起，我们就不是想成为商家的支付工具，我们是想拿到与消费者相关的数据。

消费者的数据和消费习惯必须转化成消费平台。我们在TO B的方向做扎实了，就应该面向TO C了。我发现我们的竞争对手和我们走的方向不一样，所以我不觉得他们是竞争对手。

你可以思考一下，如果你是一家支付公司，收入是手续费，在中国是千分数。而一家互联网电子商务公司，譬如团购，你发现他们的毛利率是百分数。百分数和千分数的模式是不一样的。对手们是走在支付模式的路上，而我们转向是成为一家互联网电子商务公司。

主持人：支付宝每年"双十二"都在大力推商超扫码支付，会不会有一天连POS机都没有了？

李英豪：几年间，一直都有人问类似的问题，我的之前看法是，可能5年之内只会占到5%的市场。剩下的仍然是刷卡和现金。

但是现在我会有不同的看法，我认为微信支付会对线上和线下的支付产生很大的改变。

我们同时是支付宝和微信的合作伙伴，今年我比较清晰地认识到，微信消费者的应用场景和支付习惯，比起支付宝，改变起来快和简单。所以，我的判断改变了，未来3年之内，各种无卡，特别是以微信为主可能会占到20%的市场，剩下的80%仍是现金和刷卡，80%可不是一天之间就能解决掉的。

对我们来说，线下部分，可以为客户提供银联、支付宝和微信的解决方案，同时我们要为他们提供更多的服务。

主持人：这就相当于你们用POS机联合支付宝和微信共同抢占移动支付？是不是银联就被边缘化了？您认为未来银联的出路在哪里？

李英豪：我说实话，以往我们给小商户服务，他们不能刷卡，我们帮他们实现刷卡。现在我们服务于连锁商户，他们想让我们帮他用微信。对于我们来说，刷卡还是微信无所谓，我们只是希望让交易更加便利而已。

银联被边缘化？从市场份额来说，是在降低。但是还有很多机会，还有很多小商户，还不能刷卡呢！这也不止是银联的问题，从全球范围来看，维萨、万事达卡这些传统的巨无霸都面临着商业模式重构的问题。

我觉得银联，或其他的这样大的金融公司应该考虑投资我们的创新公司。

主持人：为什么会半路杀出个“喵喵微店”，这是内部创新的成果？可否讲讲你们是如何做内部创新的？

李英豪：我们做商业支付只是个切入点，我们一直在想如何提供更好的服务，之前我们尝试做会员卡和做广告的手段，但效果不太好。直到 2014 年初，与商户交流，看到他们在朋友圈卖东西，我们想是不是有什么新的商业机会出现了？但他们觉得收款支付上还有一些很麻烦的地方，我们就产业了建设“喵喵微店”的想法。为什么是“喵喵”，因为开微店女生比较多，我们就想，要不为女生做一个这样的产品。

我们大团队大概是 100 人，当时内部创新的环境有一定的难度，因为本身支付、线下成分较重。我们就开了个小团队，由我来带，大约 7 个。然后做了两三个月，把这个事情做出来了。

主持人：创业至今，您认为自己有做过十分错误的决策吗？是什么？

李英豪：可能最错是一开始没有抓与客户的深度联系。当时，我们一开始采用渠道代理的模式，采用渠道的模式，有它的好处，但与客户中间隔着一层。解决了这个问题，现在我们知道可以采用微信等方式与客户保持联系，当时没有这样做。2013 年，我们通过对客户的大规模调查发现了很多问题。这会造成产品研发上的被动。

主持人：当下互联网金融、O2O 等诸多行业都很火，而钱方目前在做的事恰恰又离钱最近，如何抵制住诱惑专注做好一件事？到目前为止，你们都做了哪些加法和减法？

李英豪：我不想做纯粹的金融的事情。我认为金融本质上是对风险的控制，而对风险的控制与创新的本质是相对矛盾的。当然，现在互联网金融多了许多创新的地方，但这和我从事的创新项目相比，金融的限制还是比较多的。

我们成立时，就是想在消费、交易、成交环节上做些改变，这不是个简单的金融业务，虽然我们离钱很近。我们还是互联网思维。

至于现在我们在网上做的一个产品：蜂蜜。TOC，是与 O2O 相关的产品。一家公司往前走，某个产品会遇到天花板，我们往前走，不是只做一个 POS 和支付的公司。

主持人：创业之初，您曾在知乎上问过一个问题，“创业公司如何招聘到好的产品经理？”既然钱方能走到今天，想必这个问题早已解决，所以我们今天把这个问题抛回给您，请您讲讲创业公司如何解决招聘难题吧。

李英豪：一些创业比赛和媒体曝光是可以帮助一家公司招聘的。我们还招了一批毕业生，一个学生应聘后，回去后招了他的师弟来，十几、二十几个，效果还不错。

好的产品经理特别难找，现在许多好的产品经理都自己创业去了。我们采取的方式是内部培养，效果不错。反而是外部招聘来的产品经理，他们是大公司培养的，在创业公司，很慢，不知道是为什么？

主持人：创业公司早期创始人持股比例、员工股权持预留比例有没有可以借鉴的经验？

李英豪：创始人持股比例，这个我做得不太好，我们早期的投资有些高，所以很多股份都分出去了。但是我们对员工持股是有考虑的，前 100 名，都有期权。过 100 名以后，我们要看其重要性，还要看其是否关注。因为有些员工看重薪酬。

我们在 A 轮融资时留出 10% 的期权比例，B 轮留出 5%。

打动投资人要有故事

——对话嘉宾：知果果创始人 刘思思

主持人：您曾受中央电视台邀请前去录节目，可否跟大家讲讲你去中央电视台大致分享了哪些方面的内容？

答：节目里主要了聊了孵化器能够给到创业者的一些帮助，像联想之星、3W 咖啡馆、36 氪等，他们各自给到创业者所能提供的资源，整个过程中，我们也分享了创业的体会，从团队创立，要不要做，怎么拿融资，后期的管理等，做了一些沟通和交流。

主持人：说到帮助，请问经纬和联想之星分别给了知果果哪些帮助呢？

答：印象中，昨天有一个话题，创业成功有哪几个点？第一，创业必须是一个 O2O 的项目；第二，你可以跟你的投资人讲一个凄美的故事；第三，要学会蹭脸；第四，颜值要高。我们每个人也分享了创业过程中有没有用到以上四点。

我在节目里也讲了，知果果就很典型地用到了这几点。首先，我们是一个知识产权法律电商平台，是线上线下的结合；其次，当时拿联想之星投资的时候，也是讲创始人怎么辛苦，打地铺，其他三个小伙伴如何从外地与我会合一起来做这个事情，表达了决心，可能也是打动投资人的一个方面，早期可能会让你少走一些弯路。

联想之星是去年天使的时候投我们的，其实对我们的帮助挺大，当时我们的产品还没上线，只是我去讲了一个想法，介绍了我们团队的情况以及我的一些背景。后来联想之星就决定投我们了， 联想之星也给了我们一些包括品牌推广、联想之星特训班内部企业等一些资源的对接，在这个层面上，去年在我们发展轨迹中联想之星还是给了我们很多帮助，包括联想之星品牌的背书，其实对于知果果去年的发展还是非常有利的。

经纬后来投了我们 A 轮，其实在我们拿到联想之星天使轮投资后，他们就在跟我们接触，对我们团队都非常熟悉，对整个项目进展非常关注，我们跑了几个月数据后，就启动 A 轮，跟经纬谈的也非常快。整个过程中，感觉经纬对我们项目的思路很清晰，包括对我们未来发展方向的提点，在我们制定战略时给予了很多帮助。

主持人：您刚也说到去中央电视台分享了怎么给投资人讲故事，知果果的天使联想之星的执行董事王明耀之前从来不投女性，为什么独独投了您？您是讲了什么故事打动他？

答：王明耀基本上不投女性创业者，但知果果是他现在唯一投的女性创业者的一个项目。后来我们聊天，为什么？第一，用互联网的方式去改造知识产权这个行业，是他们觉得未来非常有机会的地方，这个行业是他们深度看好的；第二，整个团队的情况，我在这个行业里干了七八年，深度了解整个行业的痛点及行业未来的发展空间，整个创始团队另外三个小伙伴也是分别从广东、上海、重庆单枪匹马过来的，一起干这个事情，可能是这些经历打动了他。

主持人：您团队的三个小伙伴，因为您振臂一呼，就分别从上海、广东和重庆提着箱子来了北京，可否详细讲讲您是怎么把他们"忽悠"来的？

答：当时是这样，他们三个都是我之前工作好几年的同事，相互之间配合比较默契，他们对我这个人，无论是能力，还是品德等各方面都是深度认同的。我从原公司出来，说可能要干这样一件事情，他们说OK，这个事情很靠谱。

其实当时还没有想的特别清楚应该怎么去做，只是觉得方向是这样的，他们可能是基于我前几年人品的积累到了爆发的这个点，所以过来，其实没有特别多的考虑，对他们而言。

主持人：您从事法律和知识产权领域多年，为什么会突然想到用互联网的方式来做法律？有什么契机吗？

答：其实没有什么刻意的选择，自然而然就到那个点，就像人品爆发一样，你积累的一些东西到了一瞬间让你茅塞顿开，所以你去做这个事情就好了。

主持人：垂直电商真正做成了的寥寥无几，诸如徐小平投的维棉，雷军投的乐淘等都不太成功，你们和这些垂直电商有什么区别？

答：关于垂直电商，我的感受是：首先，必须要通过一个你熟悉的点来进入；其次，整个环境、市场在发生变化，你今天的地位跟你未来的故事可能会有很大的差异，在整个过程中去调整。我总体感觉垂直电商还是很有机会的，你一门心思去把你擅长的东西做好，让它产生价值，最终它还是会有存在的必要的。

服务类的电商本身是挺难做的一个事情，尤其是法律电商。产品或者说是服务是不标准的，用互联网的方式去做改造，本身就是挺难的事情。而一上来就做平台的话，难度非常大。我自己评估过，如果我们一上来就做成一个大的平台，我自己没有能力去做，所以我就去做我可以去掌控的形式。但还是那句话，未来会发生什么？谁知道呢？有可能未来的故事会发生变化。

主持人：软银赛富投资基金合伙人羊东说，天使看人，A轮看产品，B轮看数据。知果果A轮融资已经估值过亿，请问目前的交易量和成交额数据方便透露吗？增长情况如何？

答：现在是这样，我们现在每天成交的单量在几百单，金额接近500万。增长基本每月都在翻番，现在我们还没怎么做市场，没怎么投钱的情况下达成的。

主持人：说说您的焦虑吧！目前你们钱也有了，名气也有了，增长速度也很惊人，当下最让您睡不着觉的事情是什么？

答：每天都在焦虑，比如，产品开发速度和我们预期的有很大差异；市场变化很快，很多潜在竞争对手的出现，怎么去应对；整个团队人数在不断增加，从年初十几人到现在六十多人，管理难度也在加大，这些都是让人焦虑的事情。

其实，最最焦虑的事情，用一句来说，我们怎样才能让它变得更快——时时刻刻都在想的事情是：产品怎么更快，团队怎么更快，市场怎么拉得更快，都是围绕一个快字。

主持人：既然出现如此多的竞争对手，比如绿狗、律云等也有一定名气了，知果果准备如何拉开与竞争对手的差距？

答：法律电商这个行业，大家都在起跑线上，没有说哪一家现在已经有很大优势，这是第一点。第二点，对于竞争，我们内部经常在说，竞争是常态，无论是现在已有的或是潜在的竞争，我们面对竞争有两点：第一，要把这个事情想的足够深刻；第二，整个团队的执行力是最强的，有了这两点，我们并不惧怕任何竞争。关键在于自己能不能做好，别人怎么样是别人的事情，你自己是否足够好，是你自己可以掌控的。

所以，成败其实都在自己手上。我本身不是一个特别去关注竞争对手发展的人，更多的是关注自己设定的每个目标是否能够达成，是否能够快速地去检验自己的想法，更多的是关注自己的发展，而不是关注竞争对手或者潜在竞争对手怎样，真的没有时间。

主持人：为什么想到去做“思聊”这样一栏视频节目？被你们点名过的唱吧、脉脉、蘑菇街、凡客和超级课程表等知名公司的商标问题都解决了吗？据说超级课程表的“霸道总裁”余佳文还亲自打电话向您表示了感谢？

答：做“思聊”是这样。去年，一些机构邀请我去做一些线下分享。讲了几次，发现效率特别低，一堂课只能跟两百多人、一百多人或者几十个人讲一个东西，每次都是讲这个东西。

后来我就想能不能用一种方式，让这个事情变得简单一些，我就把讲的东西变成视频，大家都可以看，免费而且传播也快。初衷就是把我去线下讲这个事情的效率提升，于是用了视频的方式。

这个行业很多事情没人讲，我第一个去做了这个事情，挺好玩的。所以是这样的原因去做的“思聊”。

点过名的，是这样的，一方面我们希望通过典型案例提醒这些企业存在的问题，另一方面，也希望这些案例能够教育并且提醒更多创业者不要再犯这样的错误。互联网行业，大家心态都非常开放，讲到的企业都会跟我联系，商讨怎么去处理。

基本上都还在解决的过程中，就给了他们解决方案，有一些是在进程当中。

去年讲了超级课程表商标的问题，第二天早上他们给我打电话。其实他们整个团队在前一天晚上一直在开会，开到两点多，商讨怎么解决。本来说整个团队第二天过来找我看怎么解决，后来他当天有事情，就派了一个副总裁过来跟我聊了一下，商讨了一个解决方案，后来也帮他们处理了。

主持人：说说您所知道的因为商标问题导致的最惨痛的教训吧？

答：太多了。去年典型的案例，像陌陌上市前夕被告商标侵权等。对这些企业而言，都是惨痛的教训。

去年我在“思聊”里谈到的都是比较惨痛的经历，像脉脉因为注册提交的不是特别及时，跟另外一家企业同一天提交，就面临抽签这样的窘境，很多案例在“思聊”里提及过，都比较典型。

主持人：优米网创始人王利芬曾经说过，上班的时候，她除了进女厕所意识到自己是个女人，其他时候都没有意识到这一点。您也是一位女性创业者，在工作中会是一种什么样的状态？如何平衡工作与生活？

答：我觉得无论男性、女性创业者，在整个创业过程中都要全情投入，每天都有很多问题要解决，每天状态都很焦虑，这个问题跟男性、女性没有关系。

然后，平衡工作与生活，基本上就是扯淡了，没什么好平衡的，全部都得投入工作中去，基本上生活就是你的工作。

在工作中是一种急吼吼、焦虑的状态，每天就是一个个赶紧抓着每个人去推进、推进，每个人都很忙，每个人都是用跑的，连我们的行政都是小跑前进。

主持人：您认为女性在创业方面有哪些优缺点？你自己是如何扬长避短的？可否举例说明？

答：女性创业可能会用柔性的方式去处理一些问题，其实整个公司的关系，或者解决问题的一些手段上可能会更容易让人接受，这可能是优势。

劣势或者缺点还是比较感性。女性是感性动物，有时候被感情这个东西牵绊，做决定会犹豫，当然也不一定，有些人不是这样的。单独把女性拎出来不一定对，女性有不同的，男性也有不同的。

我是一个性格比较偏男性化的人，处理手法简单粗暴，沟通都很直接，目前还没有特别大的问题。

主持人：刘总是如何找到天使投资人的？

答：去年找天使的时候其实很偶然，我们当时其实没有想找投资，我们是几个人凑了一笔钱的，想先做一个东西出来，看是否可行，因为自己还不确定，想先做出来跑一跑，然后再去想钱的事情。

有一个机会是，联想之星有一个 CEO 特训班，每年都会搞，是免费的，可以学习联想的管理思维也可以认识一些人，所以我就去报名，报名要提交 BP，当时我们没什么 BP，也不知道怎么写，做了七八页的 PPT 就发过去了。然后发了过去，没想到我们投资人李明就看中了，看懂了，就约我见面聊一聊，我就讲了我们的整个背景、我的经历，我们团队做这个事情的决心，还有打地铺等凄美的故事。

他觉得挺有意思，就跟王明耀介绍，后来安排见他，在咖啡馆见面聊了二十分钟，第三面就见投委会，然后当天下午就告诉我们，决定投我们。

主持人：社交网络自媒体上是怎么做营销推广的，有没有特别满意的案例分享？

答：社交网络自媒体这个事情我还是有一点点心得的。我们去年写了很多内容，自己拍“思聊”的视频，产生了很大的作用和效果。你去花点精力和心思在这个事情上，成本是比较低的，唯一考验的就是你的智商了。

主持人：创业过程中，初期人很少，不存在管理，但在融资扩张后，特别到了 A 轮，怎么应对团队的管理？

答：现在我们就逐渐面临这样的问题。我对管理的理解是这样，首先每一摊事情都要理解清楚到底是干什么的，找到相应能够干成这个事情的人，让他来组建整个团队。

整个团队的管理，更多的是“90后”的小朋友，传统的管理方式基本上都没戏，基本上就是奔放，每个人发挥最大的价值，把尊重、开放等这些东西融入进去，又有一套所谓的企业文化。底层基因打好，老的人影响新的人，就不会让企业文化发生变形。

主持人：您觉得创业最大的困难是什么？

答：这个不好说，好像很多都是困难。当你没有技术的时候，技术就是你最大的困难，当你没有资金的时候，融资就是你最大的困难，每个阶段的困难不一样。唯一的解决方法就是面对这些困难，把它一一解决掉。

主持人：你在“思聊”中建议企业字号、商标和域名尽量一致，然而我发现许多非常著名的商标和其所属企业的字号并不一致，他们这样做有什么原因吗？如果字号和商标不一致字号有必要注册为商标吗，为什么？如果字号、商标和域名想保持一致三者以什么顺序申请较好？

答：字号、商标和域名最好是一致的。一些企业为什么没有这么做，因为知识产权意识方面，很多企业都在同一起跑线的，不是说企业大了，知名了，知识产权意识就很强，其实都是差不多。在整个传播、推广知识的过程中，接受都差不多，所以你会看到一些企业很大、很知名，它同样也在犯着同样的错误。

字号和商标不一致的情况下，我还是建议把字号也注册下来。举个例子，保洁就是这个企业的字号，底下有很多品牌，企业逐渐有名，字号就代表企业的形象，如果别人抢注会对你这个企业产生影响。

创业要从一个点切入

——对话嘉宾：拉勾网联合创始人　许光运

主持人：您毕业第一年去做了室内装修工程，说说您的装修经历和收获吧？

许光运：做装修是基于两方面的原因。一是刚毕业觉得装修很赚钱。二是身边有人做装修，比较好切入。在整个装修过程中，当时也只有这个想法，对这行一点也不懂、什么也不会，就先从装修小工做起。当时还出了一个笑话，人家说我不像一个干活的人，然后我就把自己的工服弄得很脏，然后去做。做了两个月的小工，对这个行业有了一个大概的了解，就开始承包工程。

装修这个行业属于麻雀虽小、五脏俱全。因为包工头要干好多事情，比如说要去找活、找工人、买材料，给人家装好、去收款，出了问题还负责帮人维修。装修的经历有一点可以与大家分享，就是你怎么去切入。因为我从事的时间不长，发现喷漆这门技术很多人都做不好，我就花了几个月的时间潜心去研究。到最后，我比这个行业 95% 的人做的都好。

这点跟现在从事互联网是共通的。就是先从一个点切入，然后围绕这个点所在的大方向去做。现在做互联网也是这个套路。除非你是土豪，可以高举高打，普通创业者都会按照传统方式从小的点切入，然后直起平铺。

做装修对我来说还有另外一个收获。当初因为年轻，在和人的接触交流方面比较生涩。尤其是与工人，因为毕竟生活的环境与接触的人群的差异性比较大，所以当初还是吃了不少亏的。我觉得人与人的交流沟通非常重要。

主持人：既然一开始做的是装修，那您为什么会想到去做互联网？又是如何进入百度的？通过招聘网站投的简历？面试是如何通过的？

许光运：刚毕业，总要在社会上扑腾一下，也没有想清楚。但是等你工作一年以后，你会去重新审视自己的职业生涯，觉得自己未来的路到底该怎么走？当时其实是一个很简单的想法，有时候老是觉得自己在笼子里面，可能做互联网会让我摆脱这种在笼子里面的感觉，当时想做互联网就是这么简单的初衷和想法。

记得当初我刚开始想自己做互联网的时候我和我做装修的同行说，我不想做装修了，我准备做互联网去了。他们的第一反应是，你不想和我们联系你就直接说，为什么找这样的借口？

其实转行对我来说是一件很痛苦的事情。首先你要把以前的经验全部抹掉，付出更多的努力，而且短时间内看不到效果。既然选择了就去坚持，决定做互联网后利用几个月的时间报了技术培训班，因为和大学专业相关，上手还比较快。

正好我以前的一个同学告诉我百度招人，让我去面试试试。我去百度算是通过同学介绍的吧！一路还挺坎坷，因为百度面试流程挺多，一共经历了四轮面试。不过还好都顺利通过了。可能和我以前在大学里学了点然后再加上有几个月的准备期！

百度面试顺利通过，其实还是准备的比较充分。百度其实看重几个点，一是基础扎实，二是成长性比较好，三是在解决问题的思维方式比较好。这几个点达到，基本问题不大。我是比较幸运的，进入了百度比较重要的部门商务——搜索部。8个人中7个人是清华、北大、川大的名牌大学研究生，就我是211大学的本科生。

主持人：百度一下许光运，会发现出现次数最多的是来自知乎的一个问题——“拉勾网CTO许光运为何离职？”其中有些网友的回答比较有意思：（1）“马云说过：要么干得不爽，要么钱给的不够@马德龙”；（2）“离职原因无外乎两点，一为名，二为利”；（3）“一般创业公司早期离职：①和创始人不合；②对公司前途感到迷茫。”对此，您有什么想说的？觉得有必要回应一下吗？

答：这个问题我一直都没对外说过。其实我也有点意外，我估计可能有两个原因：第一，我以前相对来说还是比较专注于做事情，很少在外面去做一些抛头露面的事情。第二，我们合伙做拉勾网，一起做得比较好，结果却让大家觉得非常意外。

有些网友的回答我看了。三方的回答我觉得说的都挺对。但是我不想做任何正面的回答，原因是我觉得就是不管怎么样、不管什么原因、不管怎么去回答，其实对我和拉勾网可能都不是最好的方式。我只想说我跟拉勾网，尤其是早期与马德龙等人一起把拉勾从零做起来，其实对我个人的成长也非常的大，我在这段经历中也得到了很多。

这些经历对于我二次创业的保证成功性上可能会有很大帮助。我非常感谢我在拉勾网的那段经历。关于网友的回答我只能说他们说的基本上都绕不过那些东西。毕竟不是一个小学生，因为一些小事会闹掰。肯定是很多关键性的大事上出了一些问题才会导致离开。

我会祝愿拉勾网越办越好。毕竟我一直把它当作自己的孩子一样。在我刚离开的那段时间里面其实我的心情蛮糟糕的，因为长期以来你一直把它当作自己的孩子来对待，突然一天孩子没了，肯定心里会特别的失落和伤心。但没办法，人总要经历这些事情。我只想说我对拉勾网倾注了我所有的精力时间跟情感。我觉和我对得起我那两年的青春。

主持人：从拉勾网出来后，为什么会想到要去做一个十分小众的社区 Codefollow？主要是做什么的？您曾说拉勾网是中国版的 classdoor，那么 Codefollow 有美国对标公司吗？

许光运：创业选择一个点，一开始大部分都是一个看起来好像小众的一个点。当然有一部分一开始看起来会很大。但这没关系，就看你以前进去以后有多大的想象空间，这个东西比较重要。

至于 Codefollow 主要是为开发者而生的技术社区。它主要提供技术问答和技术分享。因为我做开发者时间比较长，我对技术人员的痛点比较了解。无外乎就是我今天遇到一个难题，我很郁闷要不解决我工作没法进行下去。对公司来说也是一个损失，我的项目要延期。要么是我今天干得很好我很开心，但是我又不敢/不能在同事面前去秀。我肯定有个地方找我的同行一起来秀秀聊聊，秀下肌肉。

主持人：Codefollow 团队目前有多少人？融资进展如何？您认为开发者社区的未来在哪里？准备如何向投资人讲故事？

许光运：团队目前有 7 个人，融资主要是之前公司的一个 VP 给的种子基金。天使没有融资，接下来一段时间会去融天使资金！开发者社区的未来在哪里？现在整个模式商业化已经非常多了。大家可以想一想，一个互联网开发人员在公司里面其实是非常核心的一环。我们本质上是在做为整个企业提高产能的一件事情。

还有就是代替一部分公司的架构师和管理层的工作，对公司的贡献是双重的并且还很大。

关于向投资人讲故事。第一，彻底颠覆了开发者社区的形态。第二，提高公司的产能和效率，减少或替代公司的架构师和管理层。从这个角度来讲，它已经足够打动和吸引人。最重要的一点，随着现在整个互联网、互联网 + 的快速发展，整个开发人群的人口增长红利其实现在才刚刚开始。未来 3 ～ 5 年，基本上 95% 以上的企业都会直接或间接性的用开发者。这个人群未来增加 3 ～ 5 倍是没有问题的。这是我向投资人讲的核心故事。

主持人：您之前有张 PPT 里面说【产品成功三要素】：跟用户做情人、酒香也怕巷子深、做一个“悲催”的出发者。讲得很精彩，可否再和大家详细聊聊？

许光运：因为我要准备二次创业。我开始仔细研究观察创业者人群，发现网易出来的人群创业成功率非常高，可以达到 70% 以上，完全违背了正常的创业成功率。然后我就深入地去研究了一下为什么这个人群创业成功率这么高。就发现有几个点，网易号称是最能代表民意的网站，这一点就要求他和用户接触的比较多、比较能够了解用户。这个点能培养出一个人在做一个产品的时候，能尽量考虑到用户的需求。

长期训练你对用户的深入理解掌握，然后去做出一个好的产品非常重要。也就是我得出的其中一个结论——跟用户做情人。你做任何一个产品，你如果想把它做得很好，前期就是你真的对你的用户群非常了解。你真的站在用户的角度去考虑问题。去解决问题只是一个产品成功的前提，这就是为什么要跟用户做情人。

第二个酒香也怕巷子深。网易是一个门户网站也是一个资讯网站。作为一个资讯网站的高管来说，他天然的一个优势就是我对外把我好的产品投资出去的能力比较强 。郭敬明说他比一般作家只多做了一件事情，不仅酿了一坛好酒，还把它从巷子里搬出来。现在信息比较泛滥，你的东西再好、没有让用户感受和感知到这个产品，可能很快就会被淹没了。因为你如果要创业话你的资金、你的时间都是有限的。一旦在短时间内不能得到用户的认可，可能自然就会放弃了。这就是酒香也怕巷子深的原因。

第三，做一个“悲催”的出发者。网易的高管跟其他门户网站比起来算是比较“苦逼”的。因为他们网站的流量应该是排最末的，高管的薪资待遇也是最末的。这就要求他们每时每刻却要不停地去想办法解决问题。不停的想办法解决问题的能力恰恰是作为一个创业者所必须具备的能力。

因为好多基本素质只有注入你的血液里面，成为一种习惯。这样才真的是你的东西，你才能把它用到极致。

主持人：脸萌、足记等一些爆款APP迅速出现后又迅速被埋葬，您对此有什么看法？您认为一款产品如何应对迅速老化的问题？

许光运：创业要选择一个方向，产品要刚性、高频、在势上。围绕这三点来看，你会发现这些软件刚性是不够的，因为谁也不能天天没事去换脸。谁也不能天天没事拍的照片在上面写的像大片一样。在势上还能谈上一点点，以前都没有做到的，现在我能做到了。所以说你的产品刚性不够、不高频、不在势上的时候，自然而然就会被埋葬。

如果想去解决迅速老化的问题，你的产品一开始的基因就决定了。接下来你的生命周期到底多长？笑脸猫和足记这一类产品的生命周期也就这么长。要从一开始的产品定位上想清楚，未来你的产品是怎样的发展思路，尤其是在产品未来趋势上要想清楚。

主持人：怎样让用户用得爽？“微信之父”张小龙说，简单的方法是把自己当作傻瓜来做产品。我看您也转发了这一微博，想必也深有体会。可否讲一些细节，阐述你在拉勾网时团队是如何把自己当作傻瓜来做产品的？

许光运：我们在做拉勾网产品定位的时候，我就说了一个口号：第一，我们一定要做一款人人都能用的产品。我们在做产品的过程中也是严格按照这个方式来做的。比如拿拉勾网来说，它也有大量的非技术人员。我们就想是不是可以把字体调大一点、可以把间隔调大一点。这样整体显得比较简单一点。第二，在做产品过程中我有一个硬性要求。凡是任何一个交互流程，任何一个文案我看不懂的必须重新改。只要我还需要再想一下。需要问一下我才能知道什么意思的那就一定得改。执行特别严，不改不行。

还有在整个交互的过程中我一直要求说，还能不能再简单一点？如果还能再简单点那么为什么不再简单一点儿？如果是操作三步那两步能不能完成，如果两步不能完成，那要改掉。如果文案表达我不明白是什么意思，如果你还需要给我解释。那就要改。或者说我还要再想一会儿才知道是什么意思。你也必须得改。在整个产品过程中尽量让用户减少操作，让他尽快找到自己想要的东西。

主持人：在互联网行业，骂战也是一种常态。说说跟同行骂战的事吧！拉勾网和猎聘网不止一次公开对阵了，到底有什么仇冤？与同行骂战有哪些心得？

许光运：作为一个公司的人来说，我们完全不是这种视角来看待这个事情。我们公司的任何产品除了我们自己产品研发以外的行为，我们都叫 pr 行为或运营行为。不存在绝对的靠个人的情感的因素去做一些对外的行为。

其实也就包括所谓的和猎聘网的骂战。大家应该会应该记得朝阳公园“约架”。事后大家都知道这完全是一个公关行为也好、运营行为也好。它是个标准的、很高级的一个公关和产品运维行为。大家从这个角度来看问题的话可能就都清楚了。

所以说千万别把公司简单的当作一个人来看待。公司是有好多大脑的，因为人只有一个大脑。一个大脑可能就有盲区。但是作为公司相对来说，盲区会比较少。游戏常规的盲区都会清楚，所以不会出现这种低级到说我情绪控制不了产生的一些问题。公司的存在就是因为要去创造利润。你一切的行为都是为了公司的发展而存在。所以所有的东西除了产品研发以外，都可以看作是一种运营行为。这样的话我就不用解释了。

主持人：对创业公司来讲，招聘是个大难题。91 金融 CEO 许泽玮也说，自己有 1/3 的时间都花在了招聘上。您对招聘行业有很深入的了解，请问创业公司招聘应该注意哪些细节？如何快速招到员工？

许光运：花 1/3 的时间招聘是一件常规的事情，甚至花 2/3 的时间我都觉得不过分。要跟大公司不一样，走差异化的道路。首先你要把自己想象成一个花枝招展的美女，其次你要施展你的百般妩媚，再次去诱惑别人、吸引别人，最后让别人簇拥到你的面前。

细节方面，招人要有先后顺序。核心的人，你一定要先确定一些目标，集中精力攻克。核心的人哪怕你花上一两个月时间都没有关系，然后你在这一两个月时间，几乎天天跟他纠缠。这点我可以和大家举个例子，一个朋友创业的时候，他第一个合伙人是花了一个月的时间，几乎每天都和合伙人见面、几乎每天都跟他交谈、几乎每天都在打击说他现在的工作没有前途，和我一起做这个比较有前途！然后慢慢地用一个月的时间把这个人给说动了。

当然你自己要有个判断，如果一开始你开始觉得这个人根本没有可能的话，那就要放弃。确定一个目标说服这个人。若经过很长时间努力我能搞定或者说希望很大再去试。别做一些无用的事情。

因为在公司的话，一旦你公司的核心合伙人定了以后你会发现，编号第三十好几的人物，他的难度越来越小、越来越小。当你在招普通员工的时候，你已经把自己打扮的真是一个非常诱人的美女了。如果是一个非常漂亮诱人的美女，没人会拒绝！

创业团队，如果是早期，特别难招人。有些人凑合能用你就先招过来，当有一点规模之后，然后你再招人可能也会好招一点。招的差不多了你再把以前的不合适的再做调整，这也是一个思路。

主持人：“打则惊天动地，合则恩爱到底！”这是滴滴快的合并后，滴滴总裁柳青说的一句话。你认为未来招聘行业是否也会出现类似滴滴快的、58 赶集这种合并的情况？

许光运：未来招聘行业出现合并我觉得完全有可能。但肯定不是现在，因为合并的话需要几个前提。就是资本的撮合。赶集和 58 就是资本的撮合。其次，抱团取暖。第一名的话已经确立了老大地位，第二名很难去撼动，的肯定会联合第三名，联合起来去对抗。最后，市场格局已经基本形成机制。这种情况就不是合并而是属于收购。一旦具备这些前提条件，可能会出现行合并的问题。

主持人：你如何平衡生活与创业的？

许光运：如果你是一个公司 CEO 的时候，你一定要非常注意身体，你想想，如果一个公司哪怕是联合创始人。一天不在了，或者说是休假了。这个公司都能往前走。但是如果一个公司的 CEO 不在了，可能这个公司就比较危险。CEO 跟打工的时候比起来可能他保持全勤的这个频率会显得越来越高。所以你的生活、包括你的家庭后院一定不能起火。一定要保持很好的平衡。

有的投资人还会找到的创始人的家属，去了解一下家属的情况。作为创业者来说就是生活和创业都非常重要。把你的生活搞好了，把你的后院搞好了，把你的身体搞好了，那么你就会全心投入，去做你创业部分的事。生活是前提、生活不能亮红灯，这样你就可以全身心的投入创业之中。

投资方最好不仅仅带来了钱

——对话嘉宾：91金融创始人　许泽玮

主持人：您于2006年毕业于北京航空航天大学，然后就职于中国农业银行，之后去了新浪，从银行到互联网公司，跨度如此之大，您是如何做到的？

许泽玮：上学期间，我一直在搜狐实习。毕业之后，通过家人的安排进入到银行系统工作，由于我个人觉得不太适合银行的工作，加上对互联网行业的喜爱，最后我又回到了互联网公司。这个过程，我认为是一个很自然的过渡，并没有什么跨度之说。按我的理解就是，每一个阶段就该做每一个阶段的工作。

主持人：您觉得出身银行世家给你现在做的互联网金融带来了什么？

许泽玮：我觉得家庭的因素给我带来了两方面的好处：一方面是我从小成长在这样一个环境里，对银行有着比其他人更多的了解；另一方面是在创业时期，尤其是在0～1的阶段，我的家庭和他们所带来的资源是金融机构选择信任我，并与我合作的重要一点。所以我觉得对于创业者来说，在0～1阶段，这种家庭的资源会使得公司的发展更容易一些。不过，当公司发展到一定程度的时候，还是需要自己去付出更多的努力。

主持人：离职新浪之后，您去了一家经纬投资的数据营销公司“浪淘金”，然后经纬张颖通过对你的了解，很快就给了你500万元去创业，您觉得自己当时打动他的点在哪？

许泽玮：我在创业的时候总共有四家VC找过我。之所以选定经纬，除了与张颖早就相识之外，还是因为无论是在为创始人提供的条件、还是扶持力度，经纬在这几家VC里面都是最合适的。如今的经纬之所以取得如此高的行业地位，是与张颖的风格密切相关的，因为张颖懂得如何去扶植一个刚刚创立的公司，我觉得这也是我选择经纬的一个重要原因。

主持人：除了给钱，可否具体讲讲经纬这几年还给了你们哪些帮助？

许泽玮：无论是在介绍人加入公司，还是与平台公司对接方面，经纬以及包括宽带、海通证券在内的其他几个投资方都给予了我们极大的支持和帮助。另外，在媒体、介绍人、获得相关行业准入牌照以及对我们上市的准备工作等方面，投资方都给了我们极大的帮助。所以说，我觉得创业者选择一个好的投资方是非常重要的，这个投资方不仅需要出钱，还应该有丰富的资源。此外，我还觉得选择一个和自己团队契合度高的投资方对公司的未来发展至关重要。

主持人：许总谈谈您目前做的行业的短板是什么？

许泽玮：我觉得互联网金融行业还谈不上有什么短板。与传统金融行业百万亿级资金市场比起来，互联网金融行业的市场还是非常巨大的。由于现在的互联网金融从业者还仅仅处于跑马圈地的阶段，所以行业并没有达到边界，竞争自然也不是很激烈。不过，对于每一个互联网金融行业的从业者来说，还是应找到你所从事领域的边界，因为并不是每个方面你都能做好。

例如，去年有一家非常有实力的互联网公司从事票据业务就尝到了失败的滋味，其原因就在于这家公司做了他们边界范围之外的事情。我觉得在公司高度发展的阶段，行业的从业者应该明确公司最擅长的方面在哪里，然后把这些方面的事情做到极致就可以了。另外，由于金融行业是管制行业，所以对从业者要求对行业政策有所认识和理解。在行业政策不明朗的情况下，我们一定不要突破基本的原则和底线。

主持人：现在的意向客户怎么获取，有没有新型的营销方法去寻找客户，比如说类似用微信平台去找寻客户。“互联网 +”时代我们有什么自己的特色？

许泽玮：早年，我们获取用户的方法单纯要靠投入，例如做 SEM。这是因为 2011 年的时候市场竞争还不激烈，所以获取用户的成本比较低。而到了 2013 年之后，行业的竞争就越来越激烈，这个时候单纯的做 SEM 也就不再合适。不过，此时我们的积累已经足够丰富，另外，由于金融产品的消费频次低，SEM 也只能适合单体的消费，这就需要我们要转做综合的运营商，从而适应市场的需求。

主持人：您做 91 金融最开始的一两年，遇到的最大困难是什么？缺资金？缺人才？您又是如何解决的？

许泽玮：由于我们每一轮的融资都是在节点上以及我们的金融业务很早就实现了盈利，所以我们平台并没有遇到过资金短缺的问题。对我来说，最大的压力来自于愿意从事互联网金融行业的人才。现在，我几乎 30% 的时间都用在招聘人上面。

主持人：您的合伙人团队是怎样找到的？

许泽玮：我的所有合伙人都是在创业之前认识的。大都是同事、同学、家人、投资方推荐。我觉得合伙人团队在创业之后去找寻并组成相对来说是比较困难的。

主持人：请问许总，一家创业公司如何才能找到投资方以及选择投资方的标准是什么？

许泽玮：我觉得现在是一个钱比项目多的时代，一个好的项目一定能够吸引投资方的目光并获得投资方的投资。当然，最终能获得多少投资还是取决于公司与投资方的沟通，还有就是要看创业公司的发展方向和目标能否与投资方相匹配。就拿我们公司来说，我们的三家投资方在投资过程中并不是投钱最多的，但却是与我们最相匹配的、目标最一致的，我觉得这一点很重要。

主持人：网上有很多关于您和公司的新闻。请问，公关团队在公司占多大作用，您能讲一下吗？公司到什么时候需要公关团队？

许泽玮：我们有一个市场品牌的团队，他们并不仅仅要做公关，还要负责用户的获取、用户数据的分析以及用户的重复消费。实际上，公司所有的市场营销活动本质上都是与用户挂钩的。之所以要做这样的宣传，是因为要获取用户的消费数据，比如用户在你的平台上购买了哪些产品、他们又推荐其他人购买了哪些产品、他们的重复购买度有多高等，这都是这个部门要负责的业务。

主持人：昆仑万维投了趣分期，趣分期最近声音也很大。您如何看待这家公司？您如何看其他 P2P 公司？

许泽玮：我与趣分期的创始人相识，也对趣分期的业务有所了解。虽然我们不做信用类的产品，但是我觉得这个行业的前景还是很广阔的。

主持人：91 金融目前正筹划上市，您一定非常辛苦。请问在创业的几年时间里，您每天投入到工作上多长时间？要事业，还是要生活？您觉得矛盾吗？您是如何看待，并协调的？

许泽玮：我认为工作与生活并不矛盾。对于一个创业型公司来说上市并不是终点而是一个关键的节点。在这个过程中，创业者是没有生活的，应该把所有的精力都投入工作中。

主持人：91 金融在今后有什么样的发展规划和方向？

许泽玮：我们希望把 91 金融打造成全国最大的互联网金融服务平台。我觉得每个人的金融消费都可以在网上进行。目前，我们服务用户有几百万人，今年的目标是达到一千万人，不过这与中国庞大的人口基数比起来还是很小的一部分，所以我们的路还很长。现在，我们有贷款、理财、证券以及保险等金融服务，今后我们还将嫁接更多的金融服务。

主持人：互联网金融成功的关键点有哪些？

许泽玮：我觉得互联网金融业务的关键点有两个方面：一方面是对用户的理解。你能不能通过互联网的方式获取更多的用户，并保障这些用户对你公司的黏性；另一方面是你能不能获取更多的金融产品，并有效地控制风险。

唯一能够控制的是产品的品质

——对话嘉宾：快乐妈咪创始人兼CEO　陶建辉

主持人：首先我们请陶总用 1 分钟左右的时间为大家介绍下快乐妈咪目前在做的事吧！

陶建辉：快乐妈咪是 2013 年初成立的，专注母婴智能硬件，目前已经推出的产品有快乐妈咪胎语仪，早几天刚发布第二款产品，母婴智能安全秤。

主持人：最近一两年母婴领域的明星公司很多，但母婴智能硬件这一细分领域的明星却寥寥无几，快乐妈咪为什么会想到做母婴智能硬件？最初是怎么发现这一需求的？

陶建辉：我一直是做移动互联网的，2010 年公司被收购后，想做些不同的东西。2012 年底，决定做智能硬件。当时美国已经推出手环、智能秤、手表等产品，我觉得没法与她们比。考虑做血压计或血糖仪，但觉得老年人群体有问题。后来觉得还是孕妇群体好，因为她们爱花钱、爱新鲜东西、爱分享，因此就决定做母婴人群的。

主持人：最近两年线上线下结合的 O2O 项目很火，快乐妈咪接下来会考虑开线下实体店吗？

陶建辉：快乐妈咪不会考虑做线下实体店，我们一定是一家移动互联网公司。

主持人：快乐妈咪想搭建自己的母婴平台，将用户群锁定在从备孕到孩子 1 周岁之间的女性，但是我们知道，做平台首先就得要有巨大的用户量，那么未来快乐妈咪打算怎么吸引更多的用户？为了扩大目标用户群，是否会考虑将一岁以上的婴幼儿母亲也吸引到你们平台？

陶建辉：快乐妈咪发展用户是通过两个途径：第一，是通过我们的系列智能硬件吸引用户。虽然量不大，但它是一个相当精准的用户群，而且是真实的黏性很高的用户群。第二，我们通过普通的移动应用的推广来吸引一部分用户。

我们不会做 1 岁以上的婴幼儿这项服务的。我们锁定在母婴的健康领域。只有 -1（备孕）～ 1 岁这个阶段我们认为健康是母婴人群的最刚性需求。一旦小孩能够走路能够说话，他的需求已经发生改变，一般是教育等成长需求。

主持人：快乐妈咪母婴安全秤 5 月 5 日（本周二）在京东众筹首日即过百万元，您在昨天透露称，这 100 多万元其中 90% 都是由渠道经销商贡献的。那么你们目前的销售主要还是通过渠道商吗？为什么没有学小米主要做线上销售？

陶建辉：我们在京东的众筹过 100 万元，接近 90% 是渠道经销商贡献的。为什么不学小米，是因为小米是学不来的。小米有巨大的流量来源，它的网站流量相当大，雷军是一个很有号召力的人，他的一条微博有相当大的转发和评论，这是快乐妈咪做不到的，而且一般的公司都做不到。在你自身的流量没有的情况下，你只能依靠各种各样的渠道，包括线上和线下渠道。

主持人：请问快乐妈咪的渠道商是如何发展来的？可以讲讲你们是怎么做的吗？

陶建辉：我们的渠道商都是主动找上门的。因为我个人不是一个做销售和市场出身，我是做技术、做产品背景。为什么有渠道找我们呢？核心是产品做得好。之后我们市场营销也有一定的力度，因此这些经销商都是慕名来找上门。很肯定我们的产品，很肯定我们在市场的投入，那么他们当然有信心来做我的渠道商。

主持人：您认为做母婴智能硬件最大的难度在哪里？哪些因素是自己最不可控的？

陶建辉：我觉得最大难度它是一个综合性的挑战。你做智能硬件，它需要解决的是硬件 + 软件 + 服务的问题，就是雷军所说的“铁人三项”。一般的公司很难具备这样的团队。比如，传统硬件公司，它在软件 + 服务上几乎缺失。比如传统做互联网的公司，硬件一窍不通，品控一点都没有。所有的事情都没有一个绝对的门槛，但是把三个事情都搞在一起有相当的难度。所有不是你自己能做的事情都不可控。比如元器件，元器件的质量怎么保证？生产厂商不是你的，你的品控怎么保证？

唯一能够控制的是你的产品的品质。控制的是你自己的移动应用软件。对快乐妈咪来讲，我能控制的是产品的设计、移动应用的设计，用户体验、包括我们的服务。但是我们的硬件销售渠道，根本没有办法控制。我的供应链、生产厂商很难控制，需花很大的力气，我派专人盯在厂房就是要保证品质。

主持人：十月妈咪在孕婴用品已经深耕多年，目前也在不断强调智能硬件，比起十月妈咪，你们觉得自己的哪些做法更彻底更具有颠覆性？

陶建辉：十月妈咪是我非常敬佩的一个企业，并且在母婴行业做了很多年，有相当多的品牌。他们最近也在做智能硬件。跟他们相比，我很难讲我有颠覆性，我觉得我的优势就是我是一个新创公司，我没有任何包袱。十月妈咪本身是有传统产业的，它的防辐射服，那是它真正的收入来源。再做一个新的领域的时候，它要顾及资源的投入。我相信它在做决策的时候就没有我们快，这只是我自己的判断。

因此相对十月妈咪这种公司，我们灵活性更大、更好掉头。我们犯一点错误一点关系都没有，但是如果像他们这种公司犯一点错误，他们的收入等各个方面都有很大的影响。举个例子，像这种传统产业，一般员工的工资都不是很高。但IT、互联网公司员工的工资一般都很高。在创造利润的人拿的钱很少，天天烧钱的人却拿钱很多，工资力度等都很难调整。

主持人：快乐妈咪是如何去吸引人才加入的？

陶建辉：吸引人才方面我们最近做得不错。主要是几个方面：第一，你的公司做的事情要有足够的想象空间，要大家觉得这真是个值得努力的方向。这个很重要，很多人并不是在乎挣了多少钱；第二，公司的创始人必须有足够的人格魅力，能吸引人。即使是在同样的工资条件下，任何一个人都不想加入一个新创公司。给同样的工资，他一定会去腾讯、百度、360、阿里巴巴上班；第三，你要吸引到人才。要花大量的时间引进很多人。要主动出击，不能等人上来。像新创公司，主动投上来的简历几乎都是不能用的。你必须主动出击寻找人，靠各种各样的方法说服他加入你的团队。

主持人：您说主动出击找人才，主要是通过哪些途径找的？

陶建辉：主动出击找人才，比如各种论坛、各种活动。你发现合适的马上找他谈，问他是否乐意加入。包括通过你的微信、微博讲一下我找什么人。大家可以关注下我的个人微信跟微博，有很多招聘人才的内容大家可以借鉴一下。朋友圈内招聘人才是一个不错的方法。

主持人：快乐妈咪在今年3月完成了5 000万元的A轮融资，投资方为太平洋网络，请问太平洋为什么会投资母婴项目？整个融资过程顺利吗？你们为什么没有引进国内或国际知名的专业投资机构？

陶建辉：太平网络之所以会投资我们，是因为太平洋网络是一个垂直的网络媒体网站。它有汽车频道、电脑频道、时尚家居、亲子频道等。他们正在寻求转型，因为传统媒体没有出路，他们想尝试新的方法。因此战略投资快乐妈咪。至于为什么没引进国内和国际知名的专业机构，这是一个谈判，涉及价格问题。

目前来看，智能硬件的融资不算很顺利。对我们来说算比较幸运的，与大概一年前的火爆程度相比大大下降，很多投资商都不太看好，因为没有几家智能硬件商是做得非常好的。

主持人：您之前多次创业，最初的几次创业给您本次创业带来哪些帮助？

陶建辉：第一次是跟大学同学一起创业，只做一年就放弃了。第二家公司是我全身心投入的，这是第三家公司，也是全身心投入的。我最大的教训，就是一定要专注、一定要做细分再细分的市场。对于一个新创公司，如果你什么都做不专注，不注意细分再细分的市场是没有没有任何空间的。你就别想去颠覆腾讯、颠覆百度、颠覆谁谁谁。你唯一做的就是找个细分市场，在这个细分市场里面做到老大。

快乐妈咪就是按照这个思路来做的，因此我做的产品在母婴行业里属于极其细分的市场。比如我们的胎语仪才可能是这个行业里的老大，我们名气是最大的。算销量，在胎语仪里不是最大的，但它的品牌地位和影响力绝对在中国是最大的。我们的智能母婴安全秤又是一次新的定位。我们想把这个体重管理在母婴市场做成最大。如果我有几个在母婴行业做得最好的产品，我能逐步的扩张变成一个了不起的公司。

主持人：您从事技术研发工作多年，从您的角度，您觉得技术人员做CEO最大的挑战是什么？团队在沟通上又是如何做到通畅？

陶建辉：最大的挑战就是低估做市场营销、做销售的难度。市场真的不好做、销售也相当不好做。而且市场营销是个学问，要有一个需要学习的过程。即使互联网产品，好多人说靠产品说话，靠产品来吸引人。这是个假象，如果你没有相当的市场推广和营销手段，再好的产品其实是很难卖出去的。那只是一个神话而已，轮到你的身上，如果你没有市场营销，你的产品再好也推不出去。

团队的沟通是相当关键、相当重要。那我能做到的就是我时刻跟大家通过微信、QQ或者在办公室喊，有任何问题马上一起讨论。随着人规模的增加可能还想更好的沟通方式。目前人丁并不多，沟通还不错，就是一定利用微信、QQ等各种方式及时沟通。

主持人：联合创始人是老朋友还是陌生人？快乐妈咪有几个创始人，是您有了项目后才找人联合创业还是先联合才想点子的？

陶建辉：在公司创立不久，有好几个很熟悉的朋友一起加入。因此我们才可能几个月我们就做出第一款产品出来。如果通过招募，那是根本不可能的事情。

快乐妈咪主要是以我自己为主，之后马上组织了一个团队来做。我觉得先有主意、产品和方向再去找人，比较合适。

主持人：请问初创企业如何快速，提升自己和快速组建优质团队？

陶建辉：从我的角度来讲：第一，你要很舍得。你要舍得把这个利益让给一起合伙的人，让给你的同事。如果你不舍得，这是很难组建出来的，没有人拼命给你干活；第二，还是舍得。舍得花大代价、高的薪酬把外面优秀的人请进来，否则你的团队很难成长。

创新篇

大胆设想，重点聚焦

——对话嘉宾：灵聚科技创始人 张胜

主持人：张总您好，首先请介绍下你们团队人员构架和目前在做的事吧！

张胜：对于创业团队，我们算大的，对于干人工智能这件事，我们团队算小的。目前一共 10 个人，而且是从 2013 年公司成立至今一直都稳定的。

主持人：雷军最初做小米不敢曝光，因为害怕失败了丢人，结果做得风生水起。李一男做电动车也低调了很久，最近才开始面向媒体。罗永浩做手机还没开始就在微博大肆宣扬，最后栽了个大跟头。请问你们灵聚科技为什么最近才开始为外人所知？

张胜：因为我自己做过媒体，所以我知道媒体宣传是一把双刃剑，如果自己还没有做出什么成果就开始把话说大了，那么对自己未来的宣传可能会造成很大的负面影响，可能改变负面影响所消耗的能量需要成倍的增加。所以还是等自己踏踏实实做到有一定的基础了，然后再曝光，这样可能效果会更好一些。

而且，我也是超过 40 岁的人了，超过 40 岁的人不为自己的资源所发愁。我常跟大家开玩笑讲，可能有时候我们需要站出来大声说你看我穿的是班尼路、班尼路哦，生怕别人不知道自己。但是对于年过 40 岁的人来讲，我们不愁别人知道自己，怕的是知道你之后发现你是个忽悠，根本没干什么事情。这对于一个 40 岁的创业者来讲是致命的，可能根本就没翻盘的机会。

主持人：40 岁创业往往容易大成，任正非、柳传志和雷军等人都是 40 岁（以后）开始创业，您也是 40 岁创业，您是如何看待创业成败？

张胜：失败了丢人不可怕，可怕的是失败的没头没脑。其实我觉得面子是别人给的，也是自己挣的。如果因为面子问题而畏首畏尾，那会导致更多的失败。用良好的心态和智慧去处理问题，构架事业，坦然面对结果。

主持人：你们目前做的人工智能和当下火热的微软 Cortana、苹果 Siri、Google Now 及科大讯飞的灵犀语音有什么本质区别呢？你们的优势又在哪里？

张胜：和他们属于同一阵营，但又不完全一样。灵聚智能引擎一开始就是为机器人的大脑而设计的，一开始我们就确定了精准搜索和无屏化智能交互两个基本点。我们的最大优势就是为目前和可以预见的未来数年做实用性的技术研发，那些无助于解决实际问题的思路或者学术研究，我们都只是膜拜，而不会去跟着走。

主持人：雷军想在智能硬件领域复制多个“小米”，而刘强东最近也开始布局智能硬件，但智能硬件很重要的一个环节就在于如何实现人机智能交互，而这恰恰就是你们灵聚目前在做的事。再考虑到李彦宏最近在两会提到的“中国大脑”计划，又与您做的事不谋而合。灵聚是怎么抓住这一风口的？

张胜：抓住这个风口其实也不能说完全是多么聪明，也有运气的成分。当然，也是根据我和合作伙伴多年的经验，其中我的一个合作伙伴也过了 40 岁，他积累了大量的前沿技术，我们在讨论的时候发现 siri 以及跟着 siri 一起火起来的相关语音助手为什么大家一直用不起来。我们在分析的时候就发现了它的一些短板。

我们认为在未来 2 ～ 3 年，一定还会有新一波智能助手的机会，所以我们在分析了之前的产品之后，认为当前的搜索引擎技术和返回结果的这种方式已经趋于成熟，接下来应该是基于移动互联网的特点，迎来一个精准搜索的时代，所以我们首先是确定了我要做精准搜索，然后是在未来智能时代到来的时候不再需要依赖屏幕进行交互，更多的应该是解放人们的眼睛。

主持人：最近一两年，一些打着智能旗号的智能产品却不具备真正的智能，甚至标榜自己在做大数据、云计算、互联网＋等等，但其实仍然停留在炒作概念阶段，要么做给领导看，要么做给投资人看，您觉得如何摆脱这种行业普遍的窘境？

张胜：这个窘境只靠灵聚是无法破局的，希望有更多的朋友一起来参与和提高产品质量。只有更多的 × 布斯加入进来，大家都对用户体验和产品品质有追求，智能产品的春天才会到来。

主持人：有句话说，凡走过的必留下痕迹。您曾经担任过《软件世界》杂志社常务副社长兼总编辑、赛迪网副总裁、《中国电脑教育报》副社长兼高级副总编辑等职，后来毅然投身到游戏行业，请您谈谈您在游戏行业的成败，以及对您现在做灵聚带来了那些经验和教训？

张胜：我在游戏行业里面其实没有成败一说，因为我在游戏行业一直都是处在游戏行业协会。我自己曾经也创办过杂志，然后后来去了赛迪集团做过高层管理，在整个过程中对我最大的一些帮助就是，如何选择合作伙伴来做成事情，另外就是对于现金流的把控。因为在做杂志社社长的时候，本身就要管理整个杂志社的所有事务，在这期间对我最大的影响就是**把握现金流，怎么样来控制财务**。所以我们这次创业到现在我们的财务状况一直把握得很好。

主持人：作为办过杂志如今在做人工智能的连环创业者，请您讲讲您对年轻创业者有哪些忠告？

张胜：引用一句话，叫作“众人皆醉我独醒”。我前段时间回到中关村 3W 咖啡做了一个分享，也是我十多年来再一次回到中关村去做演讲。我感受到氛围非常热烈，但是同时，我也觉得这种热烈的氛围对年轻人既是一种激励，也可能会过犹不及。很多时候我们可能需要得到一些思想，但更多的是要去落实去做。

我的一位老乡，他也是一位很有成就的年轻人。前不久我见到他的时候，他说他每周都在参加深圳的各种会议、论坛，去跟大家分享交流，我就问这两年来你的收获是什么？他说收获很多，但是又总结不出来。实际上我问他这个问题，是因为我通过跟他一段时间的交流之后发现，他的目标和焦点是散的。因为每一次活动的主题的焦点都不一样，这就是一个聚焦的问题。**当信息量太大的时候人很难聚焦，总觉得什么都是机会，其实就变成什么都不是机会**。所以我觉得在信息量过大的时候和机会过多的时候，我们反过来要学会如何寻找到一个对自己来讲真正是机会的方面，去抓住它、聚焦它，然后沉下心踏踏实实去做、去研究。否则的话，可能会被大家这种打了鸡血似的激情和每天多到让自己大脑爆炸了的信息所充满，最终会导致自己根本不知道想要做什么。其实就像现在的股票一样，几乎每天都会有朋友告诉我可以买这只可以买那只，其实我想，买哪只也许现在都可以，但也可能买哪只都不行，因为你去买什么对，什么有可能就该跌了。

其次最重要的是，要有自己的想法，并且积极的付出实践和行动。这其实也不是我对年轻人的忠告，更多的是我自己的一些思考。我现在一直在团队里面开会做的事情就是减法，我们不要想得太多，想要去做太多的事情，我们可以在脑力风暴的时候发散思维去想，疯狂去想，不设边界去想，但是要决定干什么事情的时候，一定要落在一个点上。只有落到一个点上的时候，才有最大的压强，才会产生爆炸性的效果。

还有一点就是关于人际关系和资源。大家可能每天通过微信积累人际关系和资源，其实我想说的是，可能很多大家觉得很牛的人，其实在当年也就是我们的同事或者朋友，或者是朋友的朋友，甚至当年就是个平凡的人。这些人际关系关系这些年也都没有断，其实也都可以联系得到，但是如果我今天没有做出一些成绩，我根本没有办法去跟他们谈大家能够在一起做什么事情，可能仅仅就是寒暄几句叙叙旧，仅此而已。创业需要耐得住寂寞，只有做出成绩了，这些别人嘴上的谈资会自动出现在你面前。资源和人际关系只能在你自己做出好的基础后，才会发芽、开花。

主持人：关于创业方向选择，是根据市场空间大小研究一个方向，可能和自己的既有经验没多大关系，还是选择一个自己熟悉的，市场空间也许不大的方向？第一类怕自己没有经验走弯路，第二类担心付出了，市场不大也没多大意思，您怎么看？

张胜：关于创业，最好要有一个承上启下的过程，就是一定要把自己过去积累的资源和经验利用起来。如果完全抛弃的话，那就跟从头开始的学生没什么两样了。所以无论如何要去想，怎样寻找到一个既能够把自己过去积累的知识经验用起来，又跟未来的发展方向相符合，同时市场空间还是比较大的领域。

关于创业合伙人，我自己在选择的时候，首先是人品，其次才是能力。如果一个人的能力很强，但是他的品德很差，或者他很不具有智慧，这样大家会走不远的，迟早会因为交流沟通和一些认知，甚至是做出一些成绩的时候有外人过来掺和，都可能把团队拆散了。所以大家必须站在同一个层面上，大家能够阳谋，所谓“阳谋”，就是所有的话都摊在桌面上讲清楚，哪怕互相争吵也没有关系，但是团队彼此能够信任、理解，这才是最重要的。

主持人：工业4.0概念，如果用通俗的语言描述，未来是一种什么生活方式，可否举几个场景案例？

张胜：在现在这个阶段，人工智能更多的是把人解放出来，去帮人做一些危险性或重复性的工作，把人的智慧解放出来用于阅读、思考，去干更有创意的事，包括做媒体。现在媒体更重要的是怎么样做出有含金量的内容来。现在是一个信息爆炸的时代，在这个时代里，我们如果能做好一个细分领域的内容，能够将细分领域的品牌打出来，当人们想到要了解某个知识的时候就知道自己应该去读什么媒体，那么媒体的价值就有了。反而现在这种泛泛内容的媒体大家读起来会觉得非常累。

为了让大家体验到一点点未来的影子，我们会在下周发布灵聚智能助理，这个也是为我们未来的灵聚家用机器人打前战的一个APP，它有一些功能大家可以体验到，比如，说一句话提醒、一句话记账、不需要依赖屏幕的拨打电话等。未来我们还会加入机器人更多主动的服务，不需要人去开口命令或者我问它才会被动响应，而是会依据主人的一些状况主动地提供服务，现在的程序就会每天主动为主人制作一期音乐专辑。

主持人：现在是人手一个手机设备，大部分人也认为是未来各类设备的入口，那您判断，改变这种格局会是什么时候，新的方式会不会是全息影像技术？如果是，是不是带一块手表或眼镜就可以了，不再有大的手持设备？好像科幻片的太空飞船操控界面一样。

张胜：你的这个问题能让我想起2000年的时候有个笑话，微软公司的比尔·盖茨、Intel公司的格鲁夫和IBM的郭士纳在澡堂，突然听到电话响，于是一个人说不好意思我的电话来了，他举起了自己的鞋子开始接听起来，像007一样。这个时候，比尔·盖茨红着脸说，不好意思我也有个电话，只见他咬咬牙对着空气说话，原来他的电话在牙齿里。我觉得人工智能如果真从科幻角度来讲的话，未来更多的可能是芯片植入吧！

主持人：人工智能在全球都属于前沿科技，请问在初期如何养活自己？

张胜：控制好成本，（我现在是）自己做天使，养活自己不愁。我们自己首先开发了很多工具，现在大量的工作是靠程序自动完成，而不是靠人力。从融资角度讲，商业模式一定不能是B2B。所以我们的技术方向是，解决眼前和可以预见的几年的实际问题。绝不做华而不实的东西。

主持人：现在招人这么难，尤其是低层的按摩师。我们有考虑过使用机器人来做项工作，就避免了招人难的问题。

张胜：哈哈，小心按摩机器人哪天出故障把人给捏坏了！其实机器人时代，人的价值会越大，懒虫除外……

做一款有情怀的产品

——对话嘉宾：『三个爸爸』创始人、CEO　戴赛鹰主持人："三个爸爸"团队几位创始人各自擅长什么？是如何分工的？

戴赛鹰："三个爸爸"现在是四个创始人，我是CEO主要是全面负责包括战略规划，另外就是品牌的推广和营销。我的合伙人陈海滨，他是负责融资、人力资源、负责财务规划这些方面，因为他在这些方面有优势。第三个合伙人宋亚南是做SEO，一方面是内部运营衔接，另一方面就是软件的运营和技术的研发。我们的CTO李洪毅主要负责硬件和新产品开发这些部分，包括生产管理。

主持人："三个爸爸"在京东众筹一个月做到超过1 100万元，参与众筹的主要人群是哪些？将产品仅限在0～10岁的儿童，应该说目标用户更窄了，为什么最后反而比大众化产品众筹到更多？

戴赛鹰：我们在京东众筹一个月是超过1 000万元。参与众筹的主要是四部分人群。第一部分是创业家黑马会的很多创始人，这些人为什么会买我们产品呢？首先有的人和我们是很好的关系，生活中就是朋友也是支持朋友创业吧。他们也不只是为孩子买，有的人是为办公室购买。有些不是我们生活中的朋友，但是跟我们在黑马会里面也经常线上沟通。他们很多人也都是出于支持我们的角度考虑。第二部分人群就是在社群里的很多父母。因为当时我们也在很多社群里做传播。社群里很多刚生孩子不久的父母感觉到我们的儿童专用净化器和他们的需求结合。第三群人就是通过互联网社会化营销影响到的一些父母。这些人就是因为我们的定位和我们的宣传倒过来的流量。第四部分是京东的自然流量带来的用户增长。

我们最开始的成功主要靠创业家黑马会的会员，他们的支持使我们一开始就站在一定的高度。虽然我们的定位主要是0～10岁儿童的家庭，但是这个人群对空气质量是更有痛点。定位窄了，也使我们聚焦了人群，真正找准用户痛点，用产品打动用户。窄定位反而增强了初创品牌在行业领域的竞争力。

主持人：很多创业者以为投资人是谁不重要，只要拿到钱就行了。但据说"三个爸爸"因为找到了高榕资本的张震，于是接下来一连串的事都顺风顺水，比如最后介绍给江南春？您可否详细讲讲？

戴赛鹰：我觉得这个说法是完全不对的。对创业者来讲你拿到的钱固然重要，但是你拿谁的钱可能是更重要的。如果你在有选择的情况下最好是拿有资源者的钱，如同我们拿高榕资本的钱，同时他也给我们带来了他背后的资源体系。另外一个就是战略方向，当一个主流基金投你的时候，他对你的商业模式、战略方向都能提供很好的建议。主流资本投资你以后会帮你寻找 A 轮、B 轮的钱，高榕资本张震投资我们以后把我们介绍给分众传媒的江南春，没有高榕资本为我们背书，我们可能就没有这样的机会。

主持人：“三个爸爸”早期的用户调研是怎么做的？也是开了微信群吗？

戴赛鹰：我们用户调研也是开了微信群，做儿童专用净化器必须调查父母。我们寻找了 700 多位父母，在群里互动、抛问卷、发红包、谈论与孩子相关的健康资讯、把我们的问题放在群里讨论。我们找到了 12 个我们能够解决的用户痛点，来主导我们的产品研发。

主持人：最近朋友圈很火的一篇文章说很多投电梯广告的不过是在刷存在感，请问你们为什么会选择在分众投广告？得到了哪些效果？

戴赛鹰：在社交媒体掀起的热点传播周期较短，只有结合社交媒体和像分众这样的生活性媒体才能够持续传播。投电视广告是在刷存在感这个观点有对的地方，也有错的地方。有一种观点是：现在很多广告不是打给没买的人看的、而是打给已经购买的用户看的，让这些用户更有自豪感，更愿意传播。

主持人：叶一茜等明星是怎么用到你们的产品的？她们主要通过什么途径？

戴赛鹰：叶一茜已经拿到我们 8 台机器，开始我们是通过微博联系她发广告，送了她一台机器，后来她觉得效果比较好，又让助理过来购买。

主持人：三个爸爸”儿童净化器目前有哪些销售渠道？

戴赛鹰：我们目前的销售以线上为主，主要有三个渠道。第一是电商平台比如京东、天猫、我们的官网、还有一些其他的母婴电商平台等。第二个是我们有一个团购的品牌，我们和医院及幼儿园都有合作。第三个是我们现在线下也有一些经销商。我们正在尝试做“三个爸爸儿童智能生活馆”的线下体验店。我想它可能会是一个很好的商业模式。

主持人：你们自称有比工匠精神还认真的“爸爸精神”，可否讲一些细节？

戴赛鹰：“爸爸精神”是我们看罗永浩的发布会后总结的。“爸爸精神”是要用极致的材料做极致的产品。出风口是净化后的第一手空气，我们选用H13级别的滤材，是少数几个能够做到出风口PM2.5为零的品牌，这就是我们对产品的极致追求。我们不容忍任何伤害孩子的技术出现在产品中。我们的儿童空气净化器禁止装配高压放电部件和紫外灯；在设计上我们要求儿童空气净化器不能有锐利边缘及尖端，棱角应做倒圆或倒角处理；不能有危险突出物，孔及间隙设计要排除卡手危险，要添加针对婴幼儿的童锁设置等。孩子们的重心低，喜欢在地上爬。我们的产品进风方式是下进风区别传统的侧进风，可以有效地净化地表30 cm左右的浮尘。

主持人：同样是谈情怀，你们看起来走得比较顺利，而罗永浩却遭遇了碰壁，说说你们的情怀有哪些不一样的地方？

戴赛鹰：我们走得也不算顺利，其实我们也有很多困难。小米进军净化器领域，使很多净化器品牌都遭受了重大挑战，很多品牌都死了，只有我们还活着。最近我听说罗永浩最近融资快要成功了，估值也很高。罗永浩的情怀是出于一种工匠精神，我们的情怀是来自父母对孩子的爱。

主持人：三个爸爸之所以如此受欢迎，并拿到高榕资本1 000万美元A轮融资，在营销上肯定有很多出彩的地方，可否讲讲你们是如何做营销的？

戴赛鹰：我们能拿到高榕资本的融资与我们的情怀有很大关系。现在雾霾问题比较严重，张震也认同我们为了孩子的健康，开发产品，辞职创业的初衷。去年在新闻发布会上我没有过多的去谈产品的机理和功能，而是讲了我们创业的初衷和经历，分享了与孩子相处的小故事这反而真正地打动了大家。

主持人：京东对实物众筹比较出色的产品，还提供了股权众筹出口，您怎么看待股权众筹？

戴赛鹰：股权众筹对初创公司来说也是一个不错的选择，京东对股权众筹也提供了很多相应支持。从我们的发展状况来看，我们的估值目前也很高，所以目前不会考虑股权众筹。

主持人：三个爸爸从创业至今，做了哪些加法和减法？

戴赛鹰：一个公司在运营过程中会不断地寻找自己的方向。我们设计最初让净化器自动充电，加入了很多传感器。后来发现不但增加了成本，而且并不实用于是我们在功能上做了减法。下一步我们准备让儿童专用净化器增加交互功能，这是我们要做的加法。

主持人：请您给社群建设提供一些建议？

戴赛鹰：你要做一个高质量的社群就须要设置门槛；你必须给参与者提供物质和精神上的回报，让他们有一种超值的体验；社群一定要做成一个好的平台，参与者不但是能从官方获得信息，也能够从其他社员哪里获得信息。

用互联网思维解决医患矛盾

——对话嘉宾：春雨医生联合创始人　毕磊

主持人：2011 年，在线医疗远未达到今天这般火爆，当时甚至还不能称其为一个产业，你们为什么会选择进入这一行业？

毕磊：当时很多行业机会已经不多，像社交、游戏等。2011 年，我们看到移动互联网是一个机会，如果想进来，要从创业者还未涉及的领域切入可能会有新的机会，所以当时看来受管制的行业，如医疗、教育等，创业者还未过多深入，医疗可能是一个好的机会，所以我们选择移动医疗作为我们整个创业的切入点。

主持人：你们平台上有数万名医生，医生通过你们的平台进行在线问诊，一个月大概能收入多少？最高收入能拿到多少？要想留住他们，首先得让他们获得持续稳定的收入，你们是怎么做的？

毕磊：我们平台上的医生高的话有 2 万～ 3 万元，低的话几百元到几千元不等，但不是平台上所有医生都有收入，前 20% ～ 30% 是有的。如果有些医生回答问题不多或者活跃度不高的话在平台上是没有收入的。我们留住医生，经济手段是我们很重要的一个方式，包括我们对医生及用户对医生的支付。另外，我们会对医生提供很多用户群，医生可以在平台上找到他们关心的患者，通过与患者的交流积累经验和声誉，为下一步更多职业的选择做出规划，这是我们平台的一个优势，帮助医生提升知名度，帮助医生扩充他和用户之间的医患关系。

主持人：请问创业至今，春雨医生吃过哪些亏？做了哪些加法和减法？

毕磊：吃亏谈不上。创业型公司从零起步走到今天，每一步都是在摸索，所有的失败都是成功的一种积淀。

我们最重要的可能是在加法和减法方面。做的减法更多的是对服务种类的精简，从医疗的角度，能做的事情太多，作为一个平台，会想把所有的服务都加到这个平台上，导致平台的服务会越提供越多，而对于一个移动 APP 来说，服务的臃肿会导致整个产品太大，而且用户体验会急剧下降。因此，从去年开始，我们更多的是做减法，寻找我们的核心业务，去把它做深。

加法方面，我们更多的是加强医患关系，轻问诊是很好的一个医患服务的入口，患者进来后，不能满足他深层次的需求，因此我们更多是把医患关系做深，提供更多、深层次的垂直服务给他们，这是我们在加法和减法方面主要做的事情。

主持人：为什么春雨医生深耕多年才开始考虑商业化？目前在商业化方面有哪些打算？

毕磊：目前很难说我们是多年以后才考虑商业化，其实任何一个产品从做的那天起都在考虑商业化，只不过时机是不是让你可以去做。

即使现在看，我们也不是把商业化作为我们的主要目标。一个移动端产品，你的用户量、用户满意度、覆盖率、渗透率，这些肯定是我们首先考虑的数据，这些往往会与你的商业化有可能产生背道而驰，目前我们还在规模扩充阶段，在这个阶段可以去进行商业化了。

但不是因为商业化，导致整个产品产生致命的发展上的中断，所以这些是我们目前考虑商业化的主要原因。

商业化方面，我们更多的是寻找付费用户，这些用户不仅仅指个人，也包括一些2B或2C的用户。2C用户现阶段来看在移动医疗端很难成为一个主力的付费群体。包括用户付费习惯，和我们所能提供的服务很难达到用户高up值的付费，所以我们更多是把服务向线下延伸，同时我们也在开拓一些2B的用户，像企业、保险公司、药企，这些都是我们很重要的合作伙伴，这是我们在整个商业方面主要的一些考量。

主持人：春雨医生去年完成C轮5 000万美元融资，今年还会进行D轮融资，你们融到的钱主要花在哪些方面？

毕磊：我们今年下半年还会进行一轮新的融资，融的钱主要进行商业化的规模化扩展，我们现在已经达到我们认为比较理想的一个体量，在这个体量下，我们进行多种商业化尝试，目前我们找到一些可持续、可规模化的商业方式，这些方式我们经过半年时间对其进行筛选，筛选后会在下半年会对其进行大规模的扩张，这是我们融资的主要方向。

主持人：上个月底春雨医生宣布将于5月7日在全国开25家线下点——春雨诊所，为什么会想到要开实体诊所？可否举例说明一个行动不便的患者到春雨诊所的就医流程是怎样的？

毕磊：关于春雨诊所的详细情况，我们下周会有新闻发布会，具体的合作模式和经营方式，对外会有一个详细阐述。

严格意义上说，不是我们要开实体诊所，而是会和更多实体诊所合作。移动互联网是比较轻的规模扩张的模式，我们自己去做是非常重的，也不是规模化可扩张的方式，我们更希望是和实体诊所来合作，把我们的线上需求和线下资源对接起来，让患者有更多更优的选择，包括医生，这是我们做春雨诊所最主要的一个初衷。

我们倒不是考虑行动不便的，更多考虑是基于不同需求的人，当这个人身体不舒服时，可以通过我们的APP提问，我们通过后台来自动分诊，直接匹配到相应医生，这个医生会针对这个患者产生实时回复，我们平台上的平均回复时间是一分半钟以内。回复完后，医生和患者可以建立起长期的家庭医生关系，在这个关系中，患者和医生可以产生长时期的互动，医生可以为患者建立起一个个人的健康档案。

建立档案后，这个医生可以成为这个患者的私人医生，不是所有问题都可以通过线上方式解决。如果线上解决不了，我们会为医生和患者匹配他们最合适的线下诊所，这个医生可以在自己的医院通过加号的方式为这个患者进行诊疗，也可以通过我们匹配的第三方诊所，把医生和患者集中在这个诊所中，进行线下的一个诊断，大概的服务流程是这样。

主持人：在线医疗领域巨头林立，可否分别讲讲BAT等巨头的布局与定位，以及你们与他们有哪些差别？你们的优势在哪里？

毕磊：我觉得移动医疗这个领域可能相对特殊一点，在互联网领域，BAT是绝对的巨头，但在医疗领域，BAT第一他们对这个领域比较陌生，第二移动医疗这个领域也有很多巨头，像平安保险、一些上市公司、房地产商等，目前倒没有绝对意义上的巨头，不过有一些“不差钱”的玩家在进行布局。

我觉得从BAT角度看，阿里的方向比较明晰，从中信21世纪改名阿里健康到把天猫的医药馆装进阿里健康，想做一个线上线下从OTC到处方药的一个综合型平台，阿里健康方向明细，关键看人，看新的CEO、管理层如何去引领阿里健康的方向。

百度相对而言，在医疗行业是收入最丰盛的，百度近百亿元收入都来自于医院的导诊，但前一段时间百度和莆田系争辩得很厉害，百度这样的模式下一步如何去发展，可能得看百度高层如何去决策。

对于腾讯来说，用户量比较大，理论来说只要有用户量什么都可以干，但现实中做任何产品，哪怕是一个公众号，微信的用户和你的用户还不能完全画上等号，很多时候就看微信收的这些用户如何去做整合，把最终用户与这些平台上的目标用户如何去整合起来，这可能是下一步腾讯要做的事情。

春雨的优势，春雨作为创业型公司，灵活性高，可以低成本地去试错，发现一个正确的方向后，可以尽快去推进。

大公司一旦确认一个方向，很难去更改的，而且一旦更改整个机会成本很高，这也是创业型公司跟大公司相比的一个优势。

主持人：有这么多不差钱的公司纷纷进入，你们目前最焦虑的事是什么？

毕磊：我们没什么焦虑的。对于一个全新的创新型的项目而言，不差钱未必是一个优势，反而会成为一个劣势，互联网思维的企业是小步快跑的方式，而不是重金砸钱的方式，传统PC领域中，模式很清楚，一旦有个新的产品出来，大家都知道如何去copy这个模式，在这个模式中去占领先机。而在移动互联网服务、移动医疗产品服务领域，差不差钱不是一个核心优势。而且如何大家都不差钱的话，大家彼此间也就没什么区别性了。

主持人：春雨医生为什么至今尚未选择站队？是想独立上市？上市时间最迟在2017年？

应向阳：春雨没站队，我觉得是春雨的体量还不足以能够对 BAT 之间产生格局性的变化吧。目前，我觉得站不站队没有什么意义，首先对于如何站队，是要对格局有价值影响，其次，无非是拿谁的投资，不拿谁的投资。春雨现在融资顺利的话，我们现阶段没有必要考虑一定要站队或者不站队，从下阶段来看并没有什么意义的事情。

独立上市是我们追求的一个目标，我相信任何一个发展的公司都会有这个想法，2017 年是我们筹划上市的时间，很难说是最晚，如果能在这个时间启动对我们来说都是很快的一个节奏了。

主持人：中国的医患矛盾由来已久，春雨医生在这方面有哪些突破？您认为用所谓的“互联网思维”能解决中国当下医患矛盾频发的现状么？

毕磊：中国的医患矛盾很大程度上首先是一个沟通上的矛盾，从医患的整个就医过程来讲，没有说所有的病、所有的医疗方式都能百分之百解决问题的，但患者理不理解医生，医生能不能在就诊前让患者充分有知情权，这是解决医患矛盾当中非常重要的一个方式。传统的医疗中，大家都涌到三甲医院，从而有过高的就医期待，而医生因为面对过多的患者，没有过多时间去一一解释，从而一旦出现问题，都是在最后阶段，因为缺乏前期的沟通，很容易在最后爆发矛盾。

我们希望通过移动互联网的方式能让医患之间有更多的沟通，大家知道自己需要什么，能够得到什么之后，就能很大程度缓解目前的医患矛盾。

我们不好说，互联网思维能够解决医患频发现状，我只能说互联网思维肯定能够缓解这一现状，解决是一个系统的事情，有赖于所有患者对于医疗状况的理解，对知情权的掌握，这是系统性的过程，互联网产品肯定能够在一定程度上推动这个事情的前进。

主持人：春雨医生最初的 10 000 名用户是怎么来的？你们在 APP 推广与广告投放方面有过哪些经验和教训？

毕磊：最初 10 000 名用户是通过线上推广得来的。在 APP 推广中，每一款产品都要有自己的经验和教训。因为每一款产品的属性不同，像这样一个医疗服务类产品，放到第三方平台上去推广，哪些平台上的用户对你这个产品比较适合，推广过程中，同样的位置，别的产品可能下载量比较高，有的平台可能活跃度就比较高，这些都是靠经验的，我觉得不应该有教训，应该是积累经验。做得多了，投入多了就会知道哪些平台更高，哪些平台更有价值。我们觉得不仅仅是春雨医生，其他产品都要经历这么一个阶段。

主持人：在国内，从一款 APP 起家，由最初的纯线上服务逐步转到线上线下结合甚至开实体店的成功案例并不多，请问唱吧到线下开 KTV 给过你们什么启发吗？

毕磊：关于唱吧开实体店，其实我们并没有参照过唱吧的模式。我觉得医疗行业和 KTV 之间完全没有可比性，我们更多的是考虑用户服务的延伸，当有足够多的用户的需求集中在这个平台上，才有足够资格去延伸这个服务，这是一个水到渠成的事情。

主持人：在您看来，移动医疗产业已经开始排座次了吗？新进入者和还有哪些机会？

毕磊：移动医疗还远未到排座次的程度，大佬们入场也只是在摸索阶段而已，大佬们的方向也是几个月一个变化。新进入者还有很多市场机会。中国医疗市场很大，无论是一万亿元的处方药市场，还是十万亿元的医疗服务市场，孕育几个千亿元级的公司，几十个百亿元级的公司都有可能，新进入者还有很多机会。

主持人：好大夫也做了网上的医生患者沟通交流平台很多年了，积累了大量的医生、患者资源，相对而言，春雨医生的比较优势和劣势在哪里？

毕磊：我们一般不太会去和同行对比，大家各自的侧重点不一样，很难说某一方面是优势或者劣势。春雨最大的特点是完全基于移动客户端的服务，是基于移动互联网模式去实现的，这是我们和传统做医疗服务产品上最大的一个不同点。

我们觉得，从长远来看，用户的行为习惯是向移动端转移的，整个服务模式要契合用户的行为习惯，包括医生的行为习惯。所以春雨从一开始只做移动端，不做 PC 端的。直到今天我们也没有一个 PC 端的网站。

主持人：春雨医生平台上是怎么做到医生在一分半钟内及时回复的？

毕磊：春雨采取众包分发的模式，春雨的后台上有大量医生，医生装有手机客户端，我们会把问题发给相应科室的医生，由这个科室的医生进行抢答，当科室的医生足够多时，整个回复效率就可以得到比较高的保障。

主持人：春雨和线下诊所合作，怎么解决私立医院医保问题？

毕磊：医保问题从两个层面看。短期内，我们需要线下医院来解决医保问题的。

另外，我们也在跟政策制定方接触，我们看到一些新的医保支付模式已经出现，包括线上医保支付模式、线下多点支付模式等，我们现在还不能说医保支付模式有一个重大变化，我们可以先做好准备，一旦医保支付模式发生变化，我们的服务模式也得跟上。

主持人：您认为春雨医生目前面临的挑战是什么？

毕磊：春雨面临的最大挑战是一个选择题的问题。在整个医疗领域，诱惑太多，每一个细分领域都孕育着巨大的市场机会。企业选择哪个市场？是全部拿下，还是深耕一个领域，是决定企业未来发展方向甚至生死的一个选择性问题，这是春雨目前面临的最大的一个挑战。

二次创业我们瞄准一个具体的痛点

——对话嘉宾：Testin云测创始人 王军

主持人：我们知道，Testin去年就已经完成几千万美金的B轮融资。甚至有媒体传出Testin目前的估值已经高达数十亿美金，请问你们C轮融资有新的进展了吗？

王军：创业者之所以能成功，与投资人、VC资本的介入不无相关。资本的介入具有两重性：一是支持你发展，二是他想要获利。Testin最初创业资金是我们团队自己投入的，到了第一个阶段，也是支持我们的IDG果断投入。A轮投资从最初洽谈到投入大概一两天时间，真正的谈判可能只有十几分钟。

关于B轮投资，也是去年很短时间之内完成。当时团队并未想去拿钱。去年业务发展很快，我们和最早的投资人IDG和高榕的岳斌（原IDG合伙人，后去高榕）聊到Testin的发展和状况，他们非常看好这个项目，所以B轮融资也很快。

关于估值的问题我觉得任何创业项目其实现在谈估值都很早。真正检验你的，是作为创业者对开发者包括Testin自身，这些我们都有一个自己的高考。“真正的高考”可能不是上市那天而上市之后，三年、五年、十年你能不能建立一个基业长青的企业。很多企业在顺风顺水的时候可能发展很快，但是可能一旦这个势头过去之后就会很快的凋落！

我想分享一个案例，就是我最早服务的企业UT斯达康。在2000年前后，中国有家很明星的公司叫UT斯达康，有个很明星的产品小灵通。UT斯达康是在接入网的后期，3G移动发展的前期空档期出现的明星效应。在1998年我离开的时候，它还是以接入网为主要的业务。在我服务的后半期，接入了当时很创新的项目就是小灵通。小灵通当时是日本淘汰PHS终端的机制，UT斯达康对其进行了微创新，把日本的PHS和中国的无线本地环路概念相融合，然后和接入网打通。使得中国移动拥有移动运营权，在电信没有运营权的5年时间内，迅速抢占市场。

UT成为当时的一个IP这个电信行业的一个明星公司，甚至连华为、中兴都不得不佩服，而且也迅速地在美国上市。但是毕竟一个公司的基业长青不是三五年，这个成功应该是十年甚至百年的成功。所以任何公司的估值其实在任何时候谈都太早。如果真正谈估值是什么时候呢？我想可能应该到Testin所服务的这三十多万开发者，也许是未来的五十万、百万开发者，他们都获得了成功，它们的估值达到千亿、万亿美金的时候，Testin谈一点小小的估值才有意义。所以现在谈估值其实还都为时过早。

其实我们并没有一个明确的时间表说要不要融资、要不要做C轮等。我想可能要等到时机成熟吧！这个融资过程我觉得就像谈恋爱，感觉好了就可以闪婚。感觉不好的可能就是马拉松，最后可能谈了很久也没有结果。这都很正常，所以目前Testin进行融资的时间表还真是没有。目前Testin的业务发展还是属于创业艰难期。虽然一切看起来顺风顺水，但是我知道我们服务开发者并没有做到真正的完美。

主持人：Testin为什么先后拒绝了腾讯、百度、阿里等的投资，不想被迫站队？

王军：其实这里有一个很关键的问题。我们在创建Testin云测平台的时候，在Testin发布的一个月左右，就先后有手游、包括BAT在内的投资团队等跟我们洽谈合作。甚至在我们产品还未做出及第一笔资金还未拿的时候，当时就有团队想要收购或投资。其实我们有一个清醒的认识，Testin是完全要做中立的第三方的。如果我们过早的或者是最终要站队。假如说××公司被它投了，那其实它的竞争对手势必把我们的视为另类。同时我想这也伤害了广大开发者和创业者的心。因为Testin必须保持中立，能够以公平的心态去服务所有开发者。

还有一点就是在今年年初的年会上，我有一个很重要的想法并且和团队也形成一致，就是今年我们的口号是不欺负有钱人。不管你是有钱的百亿元市值的公司。还是一个没有钱开发者，对我们来说都一视同仁。我们的经济舱永远是免费的。

我们基本的服务就如同经济舱一样。再有钱的APP可能在我们的经济舱里头都是坐经济舱的免费用户。我们也不因为你有钱必须让你坐商务舱或者头等舱。只要你愿意享受，经济舱能够满足你的服务需求，那我们也完全让你免费使用。大家可以看看目前自己手机上排行前两页的APP，很多都是目前Testin免费的服务对象。这样的话就使得Testin有机会能够以公平的心态去继续服务知名人士和服务普通大众，既服务有钱的人也服务没钱的开发者。这使得我们的服务能够做的持久。

主持人：Testin云测现在形势很不错，但我想知道，您目前最担心、最焦虑的是什么？

王军：这个问题很关键。Testin 云测目前形势很不错，但我最担心最焦虑的是首先任何一个企业特别是创业公司，每时每刻都在焦虑中。任何一个创业者对外提供服务的同时，其实内部都很多的事情需要去解决、去处理，那我现在目前最担心最焦虑的首先是人才。因为我们的业务发展非常非常快，但是我也发现我们自己培养人才、获取人才其实是最困难。这里首先不是钱的问题。即使拿到钱也很难找到在 Testin 平台上可用的人才，因为 Testin 所做的工作既有软件也有硬件。

第二个焦虑是，我们每天都会看到 APP 的生生死死。欣慰的是每天看到 200 ～ 800 个新的 APP 诞生，在 Testin 平台上测试。每天加上更新的测试的 APP 有 3 000 ～ 5 000 个。但是我们也看到很多的 APP 第一次发布之后就永远的沉寂在那，APP 开发的生命周期很短，一方面跟前期的产品设计不完善有关，另一个是没有持续的团队在长期地专注做这件事。很多创业者更注重市场的推广，愿意做线下广告、预装、刷榜甚至做假数据拉用户数。其实在产品本身质量没有解决的前提下，这无异于给一个身体素质不好的人打激素、吃兴奋剂。打激素、吃兴奋剂在短期内有效果，但同吃鸦片一样，可以短期兴奋，但无非是饮鸩止渴。在身体素质没好之前，任何市场的拉动都是很差的。

我们三番五次地去告诉开发者，但仍然看到很多开发者在一个版本出来之后还没有把问题彻底解就大面积推广。推广之后的带来本身产品的安装运行的失败率很高、稳定性比较差。这个时候投入的资金越多，反倒是可能损失得越大。而最后导致用户的投诉、服务的体验跟不上。在发展过程中的用户量大了之后它的系统稳定性也遇到一问题，甚至很多做 2C 的 APP，压测都不做就直接上线，只是在系统模拟一下压力容量。真正用户上来之后出现了很多问题，是它开始根本所预料不到的。我们急于想告诉开发者这些问题。当然还有很焦虑的问题，当然我最焦虑的是 Testin 目前服务的开发者，已越来越多的与金钱交易很近了。比如去年的手游，今年的 O2O 和 P2P 金融，小到几分钱、几元钱，大到几十万、几百万元。这样手机 APP 质量直接关系到它营收的结果，我们希望测试的结果能够与它的商业结果尽快相匹配起来，尽量地减少开发者的损失。

当一个开发者所做的 APP 得到用户的信任和使用，在交易过程中如果自己有稍微的不慎可能不仅仅是经济的损失，比如说打车软件，我要去赶飞机、去见客户、去重要的面试、去赴重要的约会，如果因支付不畅或定位不准导致车不能到，都对被服务对象造成极差的体验感。这样的创业过程势必会很短命或者不能持久。所有的问题都希望我们发现了后被开发者及时解决。

主持人：您有过两次创业经历，在创办 Testin 之前，还开发过一款 PICA 即时聊天软件，当时为什么会想到去跟 QQ 这样的巨无霸抢蛋糕呢？您觉得最终没有做大的主要原因是什么？对您第二次创业又带来哪些帮助？

王军：人除了自己努力之外必须要赶到一个好的时机。当机会来的时候，当圣诞老人的圣诞马车路过你门前的时候你正巧在门口并准备好了。移动 IM 话题其实很早就已经出现了。在 symbian 时代，如果大家用过塞班手机就知道在当时腾讯发展之初它是以 PC 为主。手机的移动 QQ 当时做得并不好。但是当时的 PICA、移动的 IM 如同现在的微信在新的功能聊天室、流媒体、语音、视频、表情方面，当时 PICA 都已经完全做好。

但是影响开发者成功的一个客观因素，时间也许太早。PICA 当时并没有在移动 IM 上找到合理的或者是合适的营销模式。当然我从现在看当时 PICA 也有一些机会能够从 SP 上真正赚到钱，能够独立成长。如果 PICA 坚持下来最后可能也就没有今天的微信了。因为 PICA 在 2006 ～ 2007 年的时候，就已经有两千多万的活跃用户，几乎是中国所有智能机的总和。那个时代如果有这么几千万的活跃用户是了不得的数字，但是我们当时的团队并没有能力去把它变现，后来 PICA 在和腾讯的这个竞争过程中失败，毕竟腾讯有庞大的 PC 的基础和在 PC 上的盈利能力，所以这个移动 IM 在当时还是一个短板。后来 PICA 就把自己的技术能力以技术服务提供方的模式，为中国移动的飞信提供服务，大家知道的结果就是 PICA 以并购的模式，被中软国际并购。这个项目就结束了。从历史上来看我觉得任何一个创业都要抓住时机。

时机很多时候比创业勇气和能力更为重要。如果今天我们不去移动互联网大潮中投入，还在想我们要准备好去学习、准备等时机成熟，这个时机可能永远不会成熟。移动互联网时代，我从 2011 年有苗头、2012 年有想法、2013 年有人开始干、2014 年出现土豪有成功模式推出、2015 年大潮真正来临，到国家出现政策，把“互联网 +”、“全民创业万众创新”的精神提出来，如果我们还不参与，等这个时代过去，我们只有后悔的过程。

第一次创业理论上说，从资本层面是退出了；从团队层面其实是失败的。当时我就在想我们虽然有能力、有机会自认为有天分做一个2C的产品，但是我们还是希望把我们在创业过程中所遇到的那些最让我们苦恼的、最头疼的事情解决，就是当时的测试。

因为当时的手机系统比现在还乱。不仅仅是没有统一标准，当时智能机有Symbian，Symbian还有v3、v5之分，v3、v5还有不同版本之分。Windows mobile算另外一个智能机，不是现在的Windows phone。当然令我最为苦恼的就是很多Java的版本。如果在2008年以前做过手游开发的同学一定了解在那个时代简直是令人崩溃的。Java时代做手机适配是个非常痛苦的事情。所以当时我就在想我们既然大事没做成我们做点小事儿吧！就像现在股市已经到了四千多点一样。我认为踊跃参与的都是新股民，群里包括我在内这些老股民经历过这个630跌停，肯定会谨慎对待。

所以第二次创业我们就瞄准一个具体的痛点，就是开发者所都要面临的一个问题。先把这问题解决清楚可能会帮助更多的开发者。其实当时就是一个简单的想法。把原来伟大的梦想变成一个具体的行动，把原来伟大的目标变成一个具体的目标。这样，创业过程我们就更有针对性、不会盲目。

有一个说法就是第一次创业失败，然后而知不足。任何创业者有梦想的同时，如果有敬畏的心理就知道自己有哪些事情是应该专注去做的。

主持人：去年，原谷歌CEO施密特访华，为什么会点名邀请Testin而不是别的公司？您之前还被拍到带施密特去逛中关村手机卖场，是因为两人有私交？

王军：很多人都在问施密特和我见面的背后的事情。其实我想原因可能非常简单。Google是一个全球移动互联网的规则制定者，而中国是他的空白。同时Google一直在致力于解决移动互联开发者迫切需要解决这些问题，除了安卓系统外。Testin做的事情正好满足了这两个要求：一方面我们是Google所提倡的这个产业链开放平台上面一个不可或缺的一环，同时我们也为开发者的碎片化以及安卓的碎片化的用户体验提升做出了不可磨灭的贡献；另一方面是因为Testin成立之初，我们就和产业链的上层包括Google和苹果也都在进行密切地接触和沟通，施密特来中国的首先是想了解中国开发者目前的状况、中国市场的状况。另外他也是希望能了解中国的终端系统的状况。因为在中国的安卓和谷歌的安卓是完全不同的东西。

如果Google公布了安卓激活率，每天不管多少，其实它有一个巨大的数字漏洞就是中国市场的安卓手机，它没有这样的数据。

我和施密特出现在手机终端卖场是为了另一个目的。任何人总是需要调查调研，他要去看看中国有哪些不同的东西是他不了解的，在施密特等西方人的高管眼里，中国市场对他完全陌生的，他需要一些实际的感受。我们去中关村，被记者发现，所以有些观点被记者听到。

我们和Google的秘密交易和与施密特的关系，我想其实：首先没有大家想象的那么不可告人。合作和交流一定是对开发者有益的；其次是Testin战略布局的一个环节之一。因为涉及保密条款所以不方便在这里跟大家讲解。如果有一天需要必须向外界公布的时候，大家一定会明白我所说的对开发者绝对是有益的，百利而无一害。

主持人：请问Testin是如何激励员工呢？给予期权？经纬的张颖曾建议创业者在B轮、C轮融资金额比较大的时候，拿10%～15%的老股套现奖励公司的核心团队。这样能安抚家庭，创业者才能后顾无忧地再拼命打仗。你们去年就已经完成几千万美金的B轮融资。请问你们有过这方面的考虑吗？方便透露吗？

王军：坦率地说到目前为止，包括我和创始团队包董事会我们都认为，我们的团队在心理上是完全信任我们，而且我们也是尽可能的帮助大家。但是包括我自身都是在公司里拿着很低的工资来创业。当然如同张颖所说，别饱汉不知饿汉饥。每一个员工都要拿自己的工资来养家糊口。所以我们目前也会有计划能够把那个老股的部分以适当的方式能够激励工作年限很长的一些员工以及贡献突出的员工。使他们能够随着公司的发展和成长，分享发展那个结果，这点我们也会去做的。这个我觉得张颖说这一点我是非常赞同。

另外，Testin 所留的期权值，在行业中应该是最大的限度。同时 Testin 是全员持股。我们计划把股权和期权做一个逐步增长的调整，使得新加入与突出贡献的员工，能够分享发展结果获得期权。期权的推出会与投资人、董事会等商议，推出适合公司发展的逐步计划。能够使员工分享公司发展成果，早日分享公司胜利果实。让员工切实感受到创业的期权是有价值的。

主持人：IDG 原来就是 PICA 即时聊天软件的投资人，为什么他们还会再次投资给你？

王军：投资人最希望看到的是他的投资风险系数要小。PICA 是成功退出的案例。我们做 Testind 时候，团队投入近 100 万美元，所以投资人毫不犹豫地给我们一个 offer，拿到 990 万美元的 A 轮资。两个原因：一是我们敢投入；二是投资人进来不但没赔钱反而赚到钱。

主持人：一个互联网项目，哪些因素会使投资人进行投资或者他们会感兴趣？

王军：你要找到一个点，这个点要非常具体，让他感同身受。比如他在痒的时候，你千万不要隔靴搔痒；他在饿的时候你千万不能给他递水。你要讲的问题使他觉得必须要解决。这个问题可以非常小，但是必须要非常具体明确。而且你做的事情要在 60 s 内说清楚。Testin 一句话就是帮助开发者解决 APP 开发中的测试问题。投资人在 60 s 内听懂了，而且与众不同，并且感兴趣，如果他觉得有商业价值，他就会投资。

主持人：王总可否讲讲创业公司股权和期权的分配方式，随着每轮融资的进展如何安排较为稳妥。

王军：首先股权是创始团队持有的。但是股权不能平均。任何一个团队都需要一个精神领袖。比如 Testin，对外我是精神领袖，对内是 PICA 前董事长负责的。股权分配的时候一定要有所不同，这样知道在关键或者危险的时候由谁来承担最大的责任。期权的范畴一定不要低于10%，一般为15%～20%。随着融资的增加而调整。

主持人：目前Testin有哪些主要游戏厂商客户？通常都采取什么合作方式？盈利模式是什么？

王军：关于游戏的主要厂商和客户，其实我们是有一个很长的名单，比方说大家耳熟能详的中手游、掌趣、乐斗、蓝港、触控等都是Testin的客户。而且很多是头等舱的客户，他们的游戏发布前都会经过Testin的测试。

盈利模式和商业模式我最开始已经讲过，Testin的服务就像一架飞机。经济舱、商务舱、头等舱所有的APP只要你有邮箱注册，你就可以乘坐经济舱，服务是免费的，而这个乘坐的人没有任何限制。不管你是APP的大佬还是没钱屌丝都可以做经济舱不用付一分钱。有一些APP希望有更多的分析和咨询服务，希望能够给一些及时的响应和支持，可能会付费选择商务舱。有很多的APP可能委托常年的服务，可能是一个打包的价格，就是坐头等舱。这就是Testin的盈利模式。

主持人：对于现在粉丝经济，价值观社群经济，王总怎么看？例如，罗辑思维，还有一条也是获得数百万美金融资。

王军：粉丝经济经过验证成功的一种模式，首先你的产品和服务是有人真的喜欢，获得粉丝的支持才能更进一步发展是毋庸置疑的。不管如何，只要开发者进入就是值得鼓励的。注意的就是在开发者过程中，不管投资人还是BAT给你的支持，都是蜜月期。过了蜜月期后要积累自己的流量和核心竞争力，这要实时保持清醒的事项。

主持人：王总还有个问题，在您看来手游行业除了手游测试，还有哪些痛点可以有机会诞生10亿美元公司呢？

王军：其实移动互联创业的大幕才刚刚开始，现在很难说哪个行业能不能诞生十亿美金。我们举个例子吧！开始 Instagram 被收购的时候，大家觉得一个小的工具怎能卖这么贵。后来到 WhatsAPP 被收购的时候，哇，一个社交软件卖这么贵。今天做 B2B 的时候面临很多的机会，不管是一亿美金还是十亿美金，机会永远是存在而且永远会超出人的预期。资本市场会给你带来惊喜，只要我们专注自己的事情。

硬件创业要考虑供应链的问题

——对话嘉宾：云辰科技、大可乐手机创始人　丁秀洪主持人：取名是一门技术活，您曾经一定被无数人问到过大可乐名字的来源。您认为互联网品牌应该怎么取名？您曾经说最近被并购的赶集网在南方做品牌很困难也是因为取名的原因？

丁秀洪：我在很多时候都会被问到为什么要将手机的名字取为大可乐，其实，当人们问我的时候，往往就是我比较得意的时候。因为他人问我的过程，就是与我交互的过程。这总比我把名片递给你的时候，你默默地收起来什么话也不问的效果要好。所以我将手机的名字取为大可乐首先要达到的效果就是要让别人产生一种自然的提问。我觉得这是品牌交互的第一步。

当时，我们为了给手机品牌取名字，确实想了很长的时间，直到公司成立四个月之后大可乐的品牌名称才被最终确定下来。之前，很长时间我们都在为取名字而苦恼。那时，我们对于互联网时代的品牌到底要取一个什么样的名字，有这么几个方面的考虑。首先，要是一个具象的名字，具象名字的好处是在传播的时候，人们很容易记忆，例如，小米、锤子、大可乐等，当人们提起的时候很容易形成一个具体的形象。现在，很多品牌在取名字的时候都在朝具象化的方向发展。不过，我觉得最大的好处还是能够很好节约我们的成本。因为对于创业公司来说，资金是欠缺的，我们不可能拿出很多的资金去宣传、去打广告。

其次，我们考虑的因素还有就是一定不要有南北的差异，同时也要有利于我们购买域名。毕竟我们是做电商的，PC 端的 B2C 的销售还是很重要的渠道，所以我们制做官方网站的时候就要有一个好的拼音域名，这个域名最好不要有南北拼读上的差异。（编者加——丁秀洪曾在接受媒体采访时曾说：赶集网在南北差异上就吃了亏，在南方大家根本就不知道“赶集”二字是什么意思，所以这一品牌在南方推广起来很困难。）

我在网易的工作时，是分管娱乐和视频业务，所以做手机的时候就考虑瞄准移动端的娱乐需求，我们想通过大屏幕的手机给我们的用户带来更好的移动互联网体验。所以大屏幕 + 快乐体验，就使得大可乐的产品内涵应运而生。

另外，我们的团队成员大部分是 80 后，我们的愿景就是想把大可乐做成手机行业的可口可乐，可口可乐是第一个进入我国的国际品牌，它具有年轻化、时尚化、国际化和大众化的特征。这跟我们的手机定位是一样的，我们要做一个年轻化、时尚化、国际化和亲民化的手机。

主持人：都说网易是互联网创业的“黄埔军校”，您觉得在网易的从业经历会给创业者带来什么？为什么新浪、腾讯、凤凰等门户就没有出现那么多成功的创业者？

丁秀洪：确实这几年，从网易门户出来的创业者比较多。我认为有以下几个因素。首先，网易的企业文化比较开明。其次，我们作为一个业务模块的负责人，在某种程度上来说就是一个创业者。另外，大家都看到了移动互联网的机遇，因为移动互联网的机会要远远大于PC互联网。加上在网易的工作经历和接受的锻炼，所以大家在这种机遇下都想去试一试。之前出来创业并取得成功的人，必定会给还在网易工作的人带来一些启发。通过彼此之间的沟通交流、取经、资源分享，必定还会带动一些人出来创业。

我们看到其他门户网站的朋友也都在陆陆续续地出来创业，并且有的项目还很不错。其实，门户网站的朋友选择创业还是需要勇气的，因为门户网站主要是做内容，而创业是技术驱动。

主持人：请问大可乐3为什么要参加京东众筹？

丁秀洪：之所以参加京东众筹，其实原因很简单。京东是我们的合作伙伴，并且对我们这样的创业公司也非常支持。众筹是京东的一个新产品，当众筹推出来的时候，我们觉得非常有价值。对于我们这样的创业公司来说，没有足够的资金用来宣传，京东众筹是一个非常好的传播平台，能够帮助我们低成本的进行传播。另外，作为创业公司，我们确实需要第三方平台帮助我们征集到更多的梦想合伙人，让他们参与我们企业的发展，并提出合理的建议，与我们共同成长。我认为，要想把众筹的资金用来创业，以目前国内的环境来看还是很困难的。

主持人：大可乐曾高调宣布将会适配MIUI，而小米网新媒体总监钟雨飞则发微博称“MIUI正在适配iPhone6”，他这是暗示大可乐3抄袭iPhone6吗？对这点您怎么看？

丁秀洪：坦白地讲，我们在做大可乐3的产品定义的时候，确实借鉴过iPhone6和三星S5的产品信息。我觉得我们做产品的过程就像ZARA和优衣库一样，每一款的产品都会参照全球顶级时尚产品的趋势，然后将这种新的趋势用到自己的产品中。大可乐3就像一个杂交的产品，其实我们做一个产品的周期是很长的，用抄袭去定义并不正确。

当你真正拿到大可乐3的时候，你会发现它其实与iPhone6有很大的区别，这种区别并不仅仅体现在安卓和iOS上，在很多的地方，大可乐3都实现了对iPhone6的超越。

主持人：罗永浩做锤子手机曾多次跳票，大可乐3去年众筹之后也未能及时发货。您觉得为什么大可乐也会重蹈类似罗永浩的覆辙？您认为做手机最难控制的方面有哪些？

丁秀洪：大可乐3在众筹结束之后，确实遭遇了供应链上的问题。因为我们与三星进行了一定程度上的合作，所以三星的推迟发货，导致我们原本要在一月份发货的计划推迟到了春节期间，这就使得我们的人力和物流遭遇了极大的困难，从而产生了供应链的问题。

对于硬件创业而言，我觉得最大的问题就是供应链的问题。能不能获得供应链的支持，不仅仅是资金的问题，还有交期的问题。如果产品要寻求极致的设计就势必要延长交货的时间。就拿大可乐3来说，这款手机采用了大面积的金属材料，这在一定程度上增加了制造难度，从而产生了供应链问题。

主持人：大可乐在销售时主要渠道是哪些？主要用户群画像如何？销售是否是比较大的挑战？

丁秀洪：我们目前的销售渠道其实非常简单。主要就是我们的官网、还有京东、淘宝、天猫这样的 B2C 平台。另外，去年底我们在尝试进入 O2O 的市场，我们在今年也会和一些大型的连锁渠道展开合作。

主持人：您认为大可乐手机与其他国产手机品牌相比有哪些优势？

丁秀洪：总体上来讲，我觉得硬件上的差别其实不大，差别在于对自己的定位。我们对自身的用户定位还是非常坚定的，大可乐就是为一些初级的白领和年轻人提供一款高性价比的手机。

主持人：你怎么看待微信？您想如何去做大可乐的微信呢？

丁秀洪：一直以来，微信都是我们重要关注的阵地。我们的微信主要是以客服为主，并不主张在微信上进行客户的开发，对于单纯地去为其他的品牌进行跨界的营销行为我们是比较谨慎的。

要去一线去了解需求

——对话嘉宾：友宝电子科技创始人兼CEO　应向阳

主持人：应总你是1989年出生，2013年大学毕业。但骨子里却不是一个安分的人，请先给大家简单讲讲你的创业经历吧？说说你为什么能够愈挫愈勇？

应向阳：我从大三开始创业，最早是从参加一些挑战杯类的比赛，组建最早研发团队。早期做过蓝牙智能手表、体感运动等，但都因为研发瓶颈和当时外部市场环境没有长期做下去，后来转型做友宝电子。从创业到现在快三年，走了很多弯路，包括产品研发和管理方面。希望这一过程中我的经验能给大家一些启发。

我们现在正在做的是通过物联网解决快递最后一百米的寄件和取件的问题。目前的产品包括智能快递终端和友宝APP，友宝APP是通过类似打车的模式解决寄件沟通的问题。我们团队成员主要都是我大学同学，来自不同专业，一个做财务，两个做技术，我主要负责团队管理和投资。

2013年6月，我们正式进入快递“最后一百米”这个领域，发现学校里学生在收发快递时存在很多不便，就想如何去解决用户的这一痛点。

主持人：既然走过不少的弯路，那就说说你们团队都交了哪些“学费”吧？

应向阳：早期在产品开发上闭门造车，没有做深入的行业调研，我们做产品的目的是解决传统快递行业的效率和体验问题，如果没做过这个行业，对快递的操作流程、时效性以及与用户沟通交流的过程中可能存在很多偏差和误解。当时开发出来的第一个版本的智能快件箱，快递员使用起来不习惯，操作流程、反馈数据也不是他们想要的，我们花了两个月推翻产品，重新设计。所以我觉得做产品，正确的方式应该是“接地气”，与目标用户群体深入沟通，尤其是产品经理和CEO要去一线去了解需求的存在性，思考如何找到切入点解决用户核心痛点。

主持人：你如今回想起来最终后悔的决策是什么？

应向阳：最后悔当时我们在拓展市场时走得太快，当时同时在拓展广州、武汉、西安、杭州等市场，过于心急去抢占国内市场，浪费了很多资金。没有走做好一个标准化样本市场再去复制的道路，从而导致效率下降。

简而言之，做市场时不够聚焦，太注重速度和广度，反而因小失大。

主持人：既然这么急，是你们的对手很强大吗？你们竞争对手主要有哪些？他们是什么背景和体量？

应向阳：目前我们的竞争对手有速递易和上海富友，两家资本实力均很雄厚，前者是上市公司的子公司，投资了 10 亿元的资本，后者投资了 5 亿元，当时也是受到竞争对手全国布局的影响，我们想快速去占领市场。

主持人：请问你们创业最艰难的时候是怎样一种状态？

应向阳：最艰难的时候往往就是两个状态。一是资金出现问题，2014 年 5 月我们就遇到资金紧张的问题，账面只剩 10 多万元资金，于是公司联合创始人连夜开会，去找原因，分析后得出结论：公司缺少预算制度，没有设立警戒线，于是公司在营销、生产的资金安排上出现问题。

二是大家心理上的恐慌，对项目前景的质疑。

主持人：目前营收怎样？收入主要来源？

应向阳：目前公司流水每月 80 万～150 万元，收入分三块：一是硬件销售收入；二是向快递公司收取的服务费（按次收取）；三是广告、电商平台的使用费。

主持人：只有 10 多万元的时候，没有想过去融资吗？还是说寻求投资不顺？

应向阳：主要考虑两个方式：一是解决公司支出问题，通过节流砍掉不必要的营销支出；二是考虑尽快寻求小规模的 pre A 轮投资，同时提高公司销售收入。但谈投资不是几周或一个月就能达成，谈投资耗时比较久，当时最快的就是砍掉非必要性支出以及提高销售收入。

我们所处的行业重资产和资源，资金的壁垒较高，创业公司进入这个行业，资金势必就成为短板。我们既要考虑团队生存的问题，也要考虑大的战略性投资。当时谈投资时也遇到一些问题：一是当时大家对这个行业的盈利模式看得不是很透彻，一些投资人持观望态度；二是因为我当时主要负责公司的市场和运营工作，每月只能抽出一两天去见投资人，分工方面没有聚焦，去集中精力快速解决融资问题。这方面，一些公司的做法值得学习，他们会有一个联合创始人专门负责投资，每天去跟北京或上海的投资机构面谈。

主持人：你们目前是在阿里进行孵化吗？可否讲讲你们和阿里之间的关系、阿里给你们提供了什么支持以及具体的孵化过程？

应向阳：今年年初参加了阿里的创业大赛，入选了阿里的孵化基地，得到了场地、技术、数据开放等资源，接下来，我们会在阿里进行孵化，未来会对接更多投资人，培训人才。

目前，阿里的账号已经跟我们打通，我们也获得了来自阿里的数据交互、大数据分析等营销方面的支持。其实，当时参加比赛也很偶然，知道阿里有这样一个服务平台后，我们去试了一下，没有抱太大希望。但过程中，他们看重了我们的两点优势：一是产品接地气，二是能在细分领域做到极致。当时参赛数团队数百个，进入复赛约有 100 个，最后有 20 个进入孵化器，我们是其中之一也是现场面向媒体公开展示的两个企业之一。

主持人：轰动一时的泡面吧团队在 A 轮确认后，为了争夺公司控制权，不惜撕破脸。西少爷肉夹馍的合伙人也因团队分裂闹上法庭。对于这种内耗，你们是怎么规避的？你们团队闹得最僵的时候是什么样子？

应向阳：团队内耗来自两方面原因：一是股权结构问题，早期没有谈清楚股权比例，这个最开始要约定清楚；二是大家在公司发展战略、工作协同方面缺少默契度或出现重大分歧，解决方式是：通过投票方式或进行制度化管理，建立决策机制，互相约束和牵制。

我们团队也会出现公司的发展战略问题、重心问题、管理风格方面的意见分歧，晚上 6 点开会，有时会开到凌晨 2 ～ 3 点，就是因为有些问题没能很好地说服对方，有时也会争得面红耳赤，非常恼怒。

2014 年 10 月，我们就发生过一次激烈争吵。针对一个十多万元的营销预算，大家产生分歧。因为 11 月份适逢“双十一”，是快件爆仓最突出的时间点，做专门的招商会是具有吸引力和话题点的，因此我认为有必要做。但是，当时做决策提方案是在十月底，筹备时间短暂，缺少预热，其他团队成员认为这样太仓促、风险大，且预算额较高，因而持否定态度。

因为这个事情，我们连续开了两天会，一方面筹备方案，往前推进，一方面内部在进行思想斗争，争取统一意见，最终他们被我说服，活动做下来，效果还可以。

解决内耗最好的办法是：开诚布公地去沟通，沟通可以解决很多问题，但因为沟通的不及时，大家把意见埋在心里，集中在一个时间点爆发，矛盾和误解就比较难以化解。

主持人：徐小平对国内本科生创业表示不支持；雷军说，大学生创业失败率是非常高的；李开复也建议大学生最好不要一毕业就去创业；赛富阎焱也说，对于男人来讲恐怕最好的创业时间是 30 岁以后……对于这些业界知名人士给出的“当头棒喝”，作为大学生创业的代表之一，你打算如何回应这帮“老家伙”？

应向阳：我觉得不能一棒子打死，说大学生不适合创业。关键取决于两点：一是看项目，这个项目本身很创新，对团队的经验、资金要求不高，这类比较轻的项目可以去快速试错，也应该鼓励大学生去试错，即便失败了，至少可以证明这个团队是否适合创业，这个想法能否行得通，将来也不会后悔；二是看团队，如果有很强悍的团队，像 facebook 等，早期大家能力上非常专，且有互补性，这类团队我觉得未必比有工作经验的人差，工作的人有可能会有思维定式，经验多了，在创新方面可能受到局限。

总而言之，大学生是否适合创业，应该区分看待，如果有好的 idea 和 team，创业想法实实在在敲打你的内心，让你无法平静地投入工作，其实可以先选择尝试，创业过程可当作成长锻炼的机会来看，其实学到的东西比打工更多。

主持人：连你在西安读高中时曾教你的老师都说，你能走到今天偶然之中有必然。你觉得自己跟其他同学主要有哪些不同？你平时是通过什么途径去学习以使自己不断进步的？

应向阳：班主任经常鼓励我们要拓展视野，多读书。当时我们图书馆每天开放，我会选择《人物周刊》、《IT 经理世界》等与企业管理相关的书来看。高中时，课外的书籍和杂志帮我拓宽了眼界。

总结下来，通过看书可以拓展视野，遇到问题时有更多解决方案，更强地解决问题的能力，能够观察到生活中的一些不便，从而积累创意，寻找机会。创业者要有敏锐的观察力和嗅觉，这是去做差异化的基础和条件。

主持人：你们在 2013 年 10 月拿到的天使投资能够花一年半，的确很不容易。你们即将完成的 A 轮融资，预期估值大概多少呢？方便透露吗？

应向阳：天使投资对我们的作用是让公司提升研发速度、积累人才，让我们把样板市场打造得更加完善。天使资金花一年半，是比较拮据的，在这一年半里已经实现了公司的扭亏为盈，实现了盈利。不能单独靠投资解决一切问题，公司一方面会解决收入问题，但投资谈得快和多对公司整体还是有利的。

目前，我们的估值在 7 000 万左右，是投资前估值。

创新项目也要做好风险管理

——对话嘉宾：阳光动力CEO、联合创始人兼飞行员 安德里•波许博格主持人：请介绍一下阳光动力项目。

安德里：我们驾驶的飞机“阳光动力号”（Solar Impulse）， 是全球首款能够在不添加任何燃料、不排放任何污染物的情况下，进行昼夜飞行的飞机。

Solar Impulse 2 单座飞机技术由碳纤维制成，翼展 72 米 ，不过其重量仅为 2 300 千克，与一辆小轿车的重量相当。该机机翼中共镶嵌了 17 000 片太阳能电池，可以为机上的四个电动马达提供清洁能源。白天时，太阳能电池将会把电能充入到机载锂电池中，为夜间飞行储备电能。

主持人：阳光动力飞行项目带有实验性质，因此带有一定的危险成分，在飞行过程中，最危险的一幕是什么？如何应对？

安德里：这毕竟是一个具有挑战性和创新性的项目，虽然并不能将风险降低为零，但我们还是希望能进行风险管理，因为我们想持续推进这个项目。我举个例子，譬如我们之前在合作伙伴的帮助下，利用数字模拟系统进行了飞行模拟，可以事先模拟飞机即将展开的飞行历程，将天气预报的资料输入系统中，看一下飞机在相应的气象条件下的具体表现。这样会降低风险。

主持人：你们的飞机上有非常多的创新之处，这些创新大概还有多久才能运用到真正的工业实践中。比如你们的电池技术。

安德里：把新的科技运用到市场上进行市场化，最大的困难并不是科技本身造成的困难，而是人们心理上的一些障碍。人类的本质从某种程度上来说是自己的习惯、自己的惯性、自己的信仰和执着的囚徒。所以我们经常会发现，我们保留继续使用这些已经存在，已经普及的技术，要比去把新的技术带到人们生活中来更容易。其实在今天，我们已经建成了不需要依赖任何外在能源的住房和工业，我们已经有了电动的汽车，我们也有了不依赖化石能源，依赖清洁能源的工业，但没有普及开来。这就是为什么我们要具有创新精神，为什么我们要启发大学、研究机构，把我们已经存在的技术普及到市场上的原因。就像我们这样一个实验的项目一样，就像很多大学展开的科研一样，需要把这些带到市场上。

主持人：我们可以理解阳光动力号之所以可以长时间昼夜飞行，是因为材质比较轻，电池的性能比较好，能不能介绍一下你们的电池的技术跟目前的其他电池相比有哪些亮点或者突破？阳光动力号应用前景在哪些方面？现在有没有案例可以进行分享？

安德里：为了使飞机达到特别高的效能，我们有很多方面可以改善。首先电池，因为它是主要的储能部件，在很多类似项目上我们也面临这样的挑战。我们得到了很多合作伙伴的支持，比如 SOLVAY 和拜耳公司，使电池在电子、电路方面提高，使储能的密度大大提升。

所有 16 个降落显示灯是 OMEGA 提供技术帮我们制造的，其实它的耗电量只有 100 瓦，相当于一两个卧室小灯泡的耗电量。我们的电动机能源的效率达到了 97%，只有 3% 是损耗掉的，而普通的一辆汽车的发动机能源效率只有 25% ～ 27%，所以大概有 73% 的能源是损耗的。

我们在夜间航行的时候，需要使电池和飞行员能够保持温度，保持体温。我们需要我们的合作伙伴提供一种最好的绝缘膜，为电池和飞行员保温，而这些技术都已经运用在一些冰箱和冷冻的产品上了。这是特别好的一项技术，所以如果在换冰箱时，使用这种带绝缘膜的冰箱，相当于节省了很多的钱。

迅达是做电梯的公司，他们现在也更多地利用一些轻质的材料，使他们的电梯机体更加轻，更加节能，他们也制造了世界上第一台太阳能电梯。

所以阳光动力号是一个展示，它展示了我们现在已经有的很多科技和在很多领域能够用到的新的科技。

主持人：这个项目是否是盈利的？如何盈利？何以吸引了这么多非常著名的公司支持？

安德里：阳光动力号项目是由一些企业进行资金和技术支持的，这些企业就像我们在新闻稿和展板上展示过的 SOLVAY、OMEGA、Schindler、ABB、拜耳等，他们为我们这个项目提供资金的支持，我们一起进行科技和技术的研发。他们会在研发的过程当中得到新的技术，用到他们自己的产品上，或者是用到市场中。其实阳光动力号对于这些公司来说是一个新的科技提升和实验。对于这些公司来说，他们得到的利益就是收获了这些新的技术的同时，阳光动力号可以带来很大的市场效应，很大的认知以及很多的受众。所以大家看到是这样一个循环，我们有市场效应和新的科学技术。但是作为阳光动力号，我们本身并没有任何的利润，我们不是为了利润而进行这个项目的。我们只是希望把我们自己的热情，我们对世界的探索精神以及我们对新能源环保理念的倡导带给大家，我们也希望能够在历史的这本书上留下一页。

企业级应用也要适应移动互联时代需求

——对话嘉宾：畅捷通执行董事兼总裁 曾志勇

主持人：畅捷通上市后融了很多资金，其后续发展规划怎样？

曾志勇：今天召开 T+ 技术大会，敢于尝试做这种开放跟畅捷通的 IPO 有很大的关系。因为现在公司的资金比较充足，正聚焦两个方面的投资：一个是投向产品研发，其中包括客户端和云端平台的研发；另外一个就是投向市场，通过与相关企业的合作，在实现自身发展的同时，还能够实现与产业链伙伴的互利共赢。

主持人：畅捷通从上市到召开这次大会，经过了一系列新的转变，公司理念和工作重点发生了哪些变化？

曾志勇：客户对象没有发生变化，畅捷通专注为小型、微型企业提供服务。上市后，我觉得畅捷通变得更从容了。一直到现在，我们对这个市场的理解和未来发展的判断是对的，现在畅捷通正在慢慢将这种理解转化为真实的行动。如果提到变化，畅捷通最大的一个大的变化就是与客户的互动变得更频繁了，研发人员一样也走到了前端。比如一款应用，在国庆节期间做客户验证的时候，畅捷通的研发和产品人员都去帮助客户实施这个应用并与客户就需要进行验证。这种做法一方面可以验证产品的性能，另一方面可以增强客户对畅捷通的支持和信任。这体现的更多是一种意识形态上的转变。

主持人：畅捷通在做开发标准的时候，是怎么样来看待传统合作伙伴的，他们需要一些什么样的提升？在这方面畅捷通做了什么规划？

曾志勇：今天来参加畅捷通 T+ 技术大会的开发伙伴，有三分之二我不认识。这些不熟悉的企业主要是独立的 ISV。随着未来市场的普及和推进程度，就要求传统服务商将原来单纯的赚差价的方式转向做服务。这种转变就对企业的专业能力提出了很高的要求，其中可能有一部分合作伙伴具备这样的开发能力，我们也会鼓励这样的合作伙伴去做这种转型。另外，对于那些能力相对欠缺的合作伙伴，畅捷通会创造更多机会，去帮助他们做这方面的转化，从而使他们在专业能力上得到深化发展。

主持人：T+ 平台后续会收购一些云的应用吗？这些平台会是哪个方向？收购了这些应用之后还会对合作伙伴开放吗？

曾志勇：畅捷通、客户以及开发商三者之间都有合作的需求，畅捷通愿意开放自己连接更多的面向企业应用的开发者。如果畅捷通能够得到客户和市场的认可，就会逐渐提升它的通用化程度和标准化，之后再将它完全向市场开放。从而使得三者之间能够各取所需、做到互通共赢。这次开放的目的其实是想能够更快，更容易地服务到客户，从畅捷通 T+ 技术大会开始，未来可能会有更大力度的开放。

主持人：T+ 开发者平台融合了社交化和移动化的因素，你们是怎么把这两方面融合进去的？

曾志勇：现在是基于互联网特别是移动互联网，它的工作场景的属性首先是沟通、分享、协作，它是去中心化的，平等、扁平的。但是在原来传统的 ERP 的管理设计思想是基于流程，是有层级的，一层一层的，这两个本身的出发点是完全差异的；二是由于这几年的发展包括微博、微信、脸书、推特等，它的核心思想是围绕人。但是传统的 ERP 呢？客观上来讲也是围绕人，但是围绕的是管理者，围绕老板，就是说具体的操作者客观上来讲考虑得比较少。现在不一样了，现在追求的就是开放。从客观上来讲，在现在的这个时代对于企业的理解，对于人的理解，其实有非常大的差异。所以需要融合！

主持人：现在是不是也到了这个时候，畅捷通没有办法在移动互联网时代做标准化的东西，需要大家一起来参与，所以搞了这个开放的平台？是不是有这样的背景？

曾志勇：标准是有层级的，越通用的、基础的标准性越明显。在移动互联网时代，众帮模式可以更大限度地满足客户需求。一方面客户的需求是多样化的，另一方面现在速度的选择和系统的选择也是多样化的。这个时候专注和坚持也同样重要，那畅捷通就把最基础的，最核心的做好，做到极致就可以了，其他的交给别人去做。这是一种自然的选择，就是说如果不这么做，你没办法为大家提供最广泛的服务。

反过来讲，小的应用开发商做出一个企业应用的时候，作为企业管理者还是会有些担心。畅捷通首先是打通了企业核心信息数据的，如果能帮大家一起将企业需要的数据统一和共享起来。通过这样一种方式，大家就可以一起共同服务更多的客户。

积极拥抱移动互联网

——对话嘉宾：思杰公司总裁兼CEO 马克·邓普顿

主持人：思杰在移动办公方面，会不会为不同行业、不同企业的用户提供专门定制的个性化解决方案？

马克：我们的工作是提供一个基础设施。在这个基础设施上，适用于纵向的产业部门的解决方案都能运行。它可以适用于能源、金融、医疗卫生、政府零售、制造及技术等各个行业。所以，我们这个平台并不是针对具体某个市场的。但是我们会联合合作伙伴，利用我们的技术来进行不同的产业配置。

在协作层面，思杰与各行业部门的合作一向非常成功。我们为合作伙伴做系统的集成服务，也依靠合作伙伴所提供的专业能力来服务于各个不同的行业。所以对于任何以移动办公为目标的客户来说，我们给他提供的是一个综合基础的平台。

主持人：思杰的企业移动策略如何保护数据安全？思杰怎样应对个人设备的木马和非法软件的入侵？

马克：数据安全是一个非常重大的话题。首先，毫无疑问我们要依靠现有的合作伙伴，包括安全解决方案的企业来提供PC和其他各类终端的安全。我们跟业界所有重要的厂商，包括防毒、杀毒企业都有深度的合作，会把他们的解决方案集成到我们的方案中，从而来抵御恶意软件的攻击。

其次，我们希望把数据放到虚拟应用当中。数据在虚拟应用中是被包围起来的，就像处于一个密封的容器中一样，只有经过加密的协议之后才能以安全的方式在网络中传输。

再次，我们要尽可能减少在设备上存储的数据量。我们的方案展示了这些数据都可以存放在云上，而不是直接存储在设备上。用户可以以动态的方式，根据自己的需求从云上提取这些数据和文件。当然，这种存储是经过加密的，从上传到下载，技术可以实现全程加密。

最后，我们非常重视在多个点上确保有精细化的访问管控。思杰所有MDX技术框架中的产品、技术都能实现对移动应用精细化的管控。不管是医疗企业、银行，还是政府机构，都可以实现针对每一个应用的精细化管控，而且可以管理每一个应用的行为。当你能够控制这个应用的行为时，就可以很好地管控应用当中所使用的数据了。

主持人：近两年来，每年至少有两次可以看到马克先生来中国。不知道这是因为您对中国情有独钟，还是到全球各地巡视是您一贯的工作风格？

马克：我基本上 1/3 的时间都在全球各地出差，而且是一个人。这个世界很大，所以我可以挑我要出差的地方。哪里有大麻烦，或者有大机会，我就会出现在哪里。我来到中国是因为中国的机会巨大，我看到了我们的业务在中国市场上的成长和前景。到这里来我也希望可以顺道鼓励我的本地领导团队，鼓励我的员工团队，同时也要向中国市场、客户和合作伙伴表达我们的承诺。除了这两个原因，第三个能让我为之心动的便是：中国有很多美食；中国还总是让我感受到一种精神。所以，从 2007 年之后，我就经常来到中国，来了解我们在中国的机会，也想激励客户和合作伙伴增强对思杰的信心。

主持人：今天的演示非常好，不过我有一个小小的疑惑：我看到演示的界面都是英文的。请问这是不是最终交付给中国用户的一个成熟的界面，还是说日后会做汉化，以及中文版本？

马克：同步发行对我们来说是重中之重，我们希望能够把产品延伸到更广泛的市场，而不仅仅是那些跨国公司。我们是一家全球性的公司，在全球范围内有超过 8000 多名员工，我们需要尽一切所能来满足本地客户的需求。当然，如何满足本地需求，对思杰来说，肯定会是一个很大的挑战，但我们会努力做好。

主持人：思杰怎么看待中国研发中心在思杰研发中心的地位？怎么看待中国研发团队的作用？

马克：我们在中国采用的是与印度相似的研发战略。7 年前，我们要在印度的班加罗尔建设一个大型的研发中心，于是收购了一家叫 NetScaler 的企业，他们有一个非常小的印度团队，所以我们干脆在印度班加罗尔建设了一个研发中心。班加罗尔是思杰在美国之外的第二大研发中心，他们在研发各种核心的技术，这些技术涉及我们各种拳头产品。

除了美国和印度，另一个重要投入就是在中国南京的研发投资。我们的战略是先学会爬，再走，最后再跑，现在我们正在慢慢地爬行。

南京的研发团队负责研发专门针对中国企业、中国市场、中国业务的技术和产品。比如专门适应中国市场的一些独特的产品，包括扫描仪、智能手机等。中国团队要保证思杰的产品在有中国特色的设备上使用，能帮助我们应对和华为这样技术型的企业合作的事宜，还能提供高级的技术服务，这是我们在中国研发方面发展的一种方式和策略。

主持人：我们注意到BYOD这样的概念最近两年来非常的受关注，请问您怎么看待BYOD在中国的发展现状？

马克：我觉得BYOD可以有两种思考的方式。第一种认识理解BYOD的方式：它是一个企业自然而然就会采用的战略。企业通过BYOD的计划要倡导某一种文化的建设，而且能够有利于去招聘年轻的员工。第二手中认识理解BYOD的方式：BYOD也是交付数据和应用的一种方式，能够让管控和管理的负担降到最低，效率更高，而且能够以安全高效的方式交付这种服务，哪怕这个设备是由企业来购置的。所以BYOD可以让员工带个人设备来上班，也可以让企业IT部门将管理移动终端的工作量降到最低，将工作效率提升到最高。我认为现在中国要实施BYOD的企业计划可能有一点早，不过毫无疑问BYOD是未来打造IT服务的战略发展方向。

主持人：我们不仅在一个互联的世界，还在物联的世界。我想知道，未来的思杰会不会做一些拓展，让物联网、社交等更多的元素加进来？

马克：我们从两方面来看待它。首先，物联网的一个组成部分就是传感器，传感的技术能够帮助你确定带来移动性的软件是如何来运作的，或者说一种情形发生变化时，软件该怎样运行。我们需要具备大数据和数据分析的能力，帮助我们提供更好的移动办公体验给客户。

其次，当我们看物联网的时候，会把它看成是一个发明和创新的另外一个机会。在物联网端到端就是网络上不同类型的流量，实际上它是在机器之间的一些流量。因为我们有移动的这些产品，可以在移动的应用层面上实现互动。

作为物联网来说，实际上是把机器、应用和人之间在网络的更高层面上来实现相互关联，也可以发现各种行为，并通过大数据，通过分析来实现优化，这样我们也可以帮助我们的企业用户，电信运营商，还有那些大的服务提供商。所以物联网对我们来说也是不断演进的战略，思杰也在研究如何利用物联网提供更好的体验，我们希望利用物联网能使人们工作和生活变得更加美好。

渠道建设与用户维护

——对话嘉宾：昆腾公司大中华区总经理　张金华

主持人：中国市场和国际上很多其他市场很不同，深耕中国市场的昆腾公司在中国的渠道建设情况为何？

张金华：昆腾跟很多其他友商有些不同，昆腾像一个“专卖店”，而其他友商更像一个“大卖场”：他们以规模为主，其优点是可使用户“One-stop shopping”。但在存储领域专比多更重要，所以昆腾在多年前定的发展方向，包括渠道，就是以专为主。多年来，昆腾在渠道的建设领域分成两个层次：一是行业伙伴，如总代理，选择的都是拥有比较强的行业耕耘能力和影响力的伙伴。他们拥有各自专注的领域，也愿意进行投入；而且他们自身技术力量也比较强，能做得比较专业，这也符合存储的要求。昆腾卖的不是某个产品，而是对行业的了解。在决定一个合作伙伴时，我们首先要锁定一块双方认为有共同价值的市场，才会去开发。所以从这个角度讲，昆腾选择伙伴，并不是以规模为主，而是以行业出发点为重心。

主持人：昆腾挑选这些伙伴主要是从什么角度考虑来选择的？有哪些经验可以分享？

张金华：因为存储并不是一个单列的产品，更重要的是怎么把产品组合，而这个结合点就是渠道，所以我们在挑选伙伴时会考虑两点：一是它在行业的关系如何，有无长远的投入；二是它对存储行业的整体执行能力。而这些伙伴除了和昆腾合作外，还拥有别的公司的产品，从而能做到存储产品的整体整合，所以我认为他们是最好的面对用户的窗口。

主持人：合作伙伴们又是怎么看待昆腾的？昆腾有哪些吸引他们的地方？

张金华：如果我是一个代理，肯定会有几方面的考虑：首先是该厂商的产品在市场处于领先地位，这很重要。其次，厂商在该领域必须是领导市场的先驱，而非追随者。最后就是厂商本身给伙伴能带来的利润。而这与前者挂钩：技术越先进，就越能拉动利润。能赚钱的永远都是领先的技术，而不会在产品周期的下游。昆腾在数据保护市场中，是走得比较前沿的。所以我们的很多合作伙伴，包括很多总代理，都跟我们合作八、九年了都没有变过。这也是昆腾跟很多其他厂商不同的地方：我们认为长远的合作关系比短期的一个项目或利润点更重要。在这点上，昆腾跟大部分合作伙伴都有了良好的默契。

主持人：有说法认为对传统业务的保护，可能会影响到创新业务的成长。不知道昆腾是如何将资源向大数据方面倾斜的？对大数据的侧重，是否会影响昆腾在数据保护产品线方面的发展？

张金华：首先，很多人都容易过分简单化地将技术的发展看成一条线，认为新科技出来就会淘汰老的科技，我举两个例子。比如，一是认为 PC 出现后将不再需要纸张，可现在看纸张的使用量并没有比以前少；二是跟存储有关：很多人认为带库本身是一个没落的技术，必将被盘阵所取代。但事实呢？带库是昆腾的一个老产品，过去 2 ～ 3 年，它其实有了很多新的功能加入。比如，我们在去年底开发了一个叫 EDLM 的新功能，它可以自动地对用户存储的磁带进行检测，如果发现有数据丢失的前兆，它先会通知用户，同时按照客户需要重新备份。此外还增加了双机械臂和高密度的拓展柜等功能。所以，它并不是停滞不前的产品，而是一直在向前发展。任何技术都要面向用户的需求，而根据需求进行完善的技术，就不能说是停滞不前的。

其次很多人习惯于将产品、解决方案一刀切，但实际上在这些分类中间还有连接。比如说很多大数据的解决方案，都是将原来的数据保护进行新的结合。如迁移归档：针对大量数据中的有成本效益的数据采用分层存储，将那些短期内不需要访问的数据迁移到带库里。既省钱省电，也方便数据回迁。这就是软件加上传统带库的成果。用户不一定要很先进的东西，他们需要平衡预算与业务需求的关系，寻找最合适的解决方案。而我们认为到现在为止，以带库为基础的迁移归档解决方案，对大部分用户来讲是最好的。我们并没有简单地将产品或方案一刀切，而是把最好的产品结合起来满足用户的需求。

主持人：大数据的火热是好事，说明社会对它的关注。但也有人担心是否过于炒作？或者实际应用与理想有差距？不知道您对此怎么看？

张金华：我不否认 IT 产业是一个非常懂得炒作的行业，经常找一些新概念来刺激下市场，借机宣传解决方案，这可以理解。但不管怎么用市场语言包装，有个事实是无法否认的：随着数码化的普及，无论是个人、中小企业还是大企业，都将会有大量的数据需要保存、处理。大数据最重要的概念就是，当面临大量的数据时，如何能有一个有效的管理办法，为下一步重新挖掘新的数据的商业价值做铺垫。如电信企业、银行往往拥有庞大的客户数据库，但它能做什么？企业会从商业角度来考虑，但这首先要求搭建好一个 IT 平台。现在很多企业都处于调整期，但大家都不否认，未来企业的商业竞争很大程度将基于如何利用现有数据，企业最大的资产是数据，并非设备和产品等。比如如果我们能对淘宝每天交易的用户做进一步挖掘，这就是个非常大的商机。大数据肯定是未来的一个发展方向，只是大家都在摸索，不同的行业、用户有不同的理解，而且不可能完全统一。

主持人：用户的消费兴趣点在哪里？如何抓住其兴趣点？

张金华：昆腾对用户的最大用处，不在于产品，而在于我们对存储业务的了解。任何一个公司的产品，最多 3 ～ 5 年的周期。而昆腾最大的价值，是过去二三十年累积的经验，是面对用户不同的使用环境与挑战，可做出不同的解决方案。在面对一个用户时，昆腾首先不会告诉它我们有什么产品，而是会首先告诉它我们对存储的看法是什么，然后让用户告诉我们它面临的问题。昆腾就像是一个顾问的角色，会告诉用户什么样的方案是最适合的。

昆腾可以站在一个比较中立的立场，可以很开放地从用户的出发点给它找最好的解决方案。

成功会在你专注于做一件事时发生

——对话嘉宾：能力天空科技（北京）有限公司CEO　楼英明

主持人：请讲讲您的创业由头。

楼英明：能力天空的理念是“为每个人提供最好的教育”，这不是一句广告，而是来自内心深处的真实想法。我的家乡在义乌市，那里是小商品批发市场，乡镇企业发达，我上初中时家里就办企业，最多时资产达到几千万元，但是我从小就对制衣业不感兴趣，大学毕业后选择到美国留学。在义乌工厂时我认识了一个好朋友，后来无论是留学期间还是工作后，每次回家乡他都请我为他儿子辅导物理，因为我是学物理的，经我辅导后他儿子的物理成绩有了很大提高，但一段时间后，成绩就又下来了，他就又打电话向我求助，他儿子认为物理太难学，这件事对我触动很大。

还有一件事发生在我另外一个朋友身上，他想送他儿子出国深造，在他儿子上中学时，他花了大概一万多美元，把儿子送到英国去学地道的英语，我这个朋友在国内天天担心儿子在外是不是会发生意外，儿子在国外也没有心思好好学习，两个月后回国了，英语水平没有多少提高，这让我的朋友觉得无法理解。

其实，我们缺少的只是一个平台，所以我在2004年底时就萌生了要做“能力天空”的想法，紧接着我又做了很多调研，发现搭建平台让更多的人接受更好的教育是件很有意义的事，但这在当时却还是空白，没人去做，我又研究了一番，确定这其中没有任何的技术瓶颈。2006年底，我花六个月时间写了一份创业计划书，拿给我的老板Mark看，他听了我的介绍后说：“这是我听到的最好的想法。”接着他又将这个想法兜售给风投代表约翰•杜尔(John Doerr)。Mark对我的计划很感兴趣，我们一拍即合，我做技术总监，他做CEO，开始创办能力天空。这时我又想到了另一个朋友，我通过他妈妈找到他的地址，发了封信给他，他就打电话给我，说这是我一生中收到的最短的信，并表示愿意和我一起创业。去机场接他时我发现他带着爱人和所有的家当，这时我不想创业都不行了，这是箭在弦上了。

为什么要在中国创办“能力天空”？我们要实现“为每个人提供最好的教育”的理念，需要找一个切入点，把想法变成现实。而中国有许多培训机构，怎么与培训机构结合，这是我们需要思考的问题。

主持人：您在2007年怀揣着为每个人提供更好的教育的理想回国创业，回首这六年的创业之路，最艰难的是什么时候，怎样度过的？这些年您最大的收获是什么？

楼英明：从能力天空科技创办到现在，最困难的时候就是找不到一个切入点，让我们的理念真正落地。你东西做得再好，技术再纯熟，但是没人用，一切就都失去意义了，即使有人用过后把你做得平台骂得一无是处也好过无人关注。能力天空2007年创办，我说服了第一个老师使用这个平台就花了三个月时间。这个老师叫杨利仁，他是做网络教育的，我对他说我们的这个平台很有意义，劝他尝试，他听了后起初表示不想做。

我们提出完全免费帮助他做，又经过几次沟通，他才同意。刚开始时彼此间的信任是很难建立的，尤其是单个用户的即时服务更加不容易做，别人不相信也不愿意花时间去了解这个即时服务的好处。理想很美好，但现实很冰冷。你的计划做得再细致，总有意料之外的事情会发生。提供即时在线学习的平台这条路没走通，我们转向做录播，当时的想法是，受众只有听了课，有了疑问后才有可能与老师在线交流，进行更深入的学习。

教育是一个系统工程。目前大多数人都是带着很强的目的性去学习的，比如经过一段时间的学习后想参加公务员的考试、注册会计师的考试，他需要对某一部分的知识进行系统的学习后并进行测试。仅仅是为了解某一具体问题去学习的人并不是多数，这些问题是我们在创办公司之初所没有想到的，所以很多问题都需要到实践中去检验，在碰壁中不断地调整才可能找到正确的发展方向。从创办公司到今天最大的收获就是对整个网络教育、在线教育的理解不断加深。工作总是会遇到各种挫折，每解决了一个困难就会前进一步，对整个行业的把握就又准确了一些。

主持人：您在美国学习工作15年，曾在世界知名芯片企业工作，后又回国创业，您认为中美两国在企业文化上最大的不同是什么？您是怎样适应这种不同的？

楼英明：第一，中美企业文化不同，我21岁就去美国了，没在中国工作过，我的思维方式和中国员工有着很大的差异，但因为我家里是做企业的，对中国企业的运作模式和运营方式并不陌生。前一段时间我们感觉网速特别慢，查来查去，找了很久才发现原来是我们用的网线不达标，这种情况在国外是绝对不会发生的，我在国外用两百米的网线都没出现过问题，而上次只用了三米的网线就遇到了质量问题。目前阶段，中国整个市场的成熟度都还不够，诚信度有待进一步提升。

第二，美国企业中员工的合作精神更强，大家合作更注重的是合作的实际效益和质量，而不只是在利益上讨价还价。比如在美国，我说我能做成某件事需要一万美元，对方听完我的计划后，如果感兴趣会说："我可以给你一万五千美元，你能不能把这个计划实施得更好？"而同样的情况如果发生在中国，对方会说："五千美元行不行？"两国的商业模式有很大不同，许多中国人还没真正领悟当自己不断地给合作伙伴施加压力的时候本身也得不到好处，这时你的回报率是更低的，因此他们在做事情时常常更短视，只注重眼前或是局部利益。这可能与中美两国文化、国情及从小所受到的教育都有关系。美国的家长注重培养孩子的分享意识，比如邻居家有一个小孩子将妈妈给自己做的午餐分给同学吃，妈妈知道后会夸他做得非常好，然后会说明天妈妈多做些，这样你就可以分给更多的同学吃，并且告诉他的孩子通过分享你才能得到更多的快乐。这样教育下长大的孩子就会宽容。面对这种情况，中国部分家长可能第一反应就会问，"分给同学了，你还够不够吃啊？"

第三，美国这个国家的容错性更强。你做事两次不成功没有关系，别人会认为你从失败中学到了很多东西，会因为你有失败的经历而为你加分，当然，如果超过三次创业不成功，美国人可能就会质疑你的人格和能力。而许多中国人喜欢完美，用一帆风顺把自己掩饰为成功人士。

主持人：成功的CEO应具备哪些品质？您的企业更愿意吸纳什么样的人成为企业的一员？

楼英明：第一，我认为一个成功的CEO最应该具备的素质是远见，能够看到潜在的商机，把握产业发展脉络，才能制定正确的战略，带领企业不断发展。

第二，要能给予企业中的员工足够的发展空间，把帮助员工成长并最终成功当成自己义不容辞的责任。第三，要有足够的责任心。在企业创办之初可能你会有许多的雄图大志，但是当各种压力和困难从四面八方涌现而来时，你是否还能记住当初的承诺，是否会对你的客户和员工负责到底。第三就是他本人要有比较明确的目标，有想成功的强烈愿望。现在我们的大学教育存在许多弊端，刚大学毕业的学生有一部分并不能很快地融入企业，有的学生做事态度不是特别认真。

我在招聘员工时最注重对方的人品。我始终不相信一个愿意投机取巧，唯利是图的人能获得真正的成功。

《阿甘正传》中的阿甘没有过人的智慧，靠的就是每天都坚持朝着自己的梦想奔跑，用最简单的方法取得成功，这是我比较欣赏的做事态度。其次就是专业素质过硬，对自己从事的领域有深入的研究和出色的表现。

目前大学的教育和社会实践脱节，大学教授的知识更新速度没有跟上市场发展的需求，学到的知识在一定程度上有些滞后，有的学生专业学得还不够精。能力天空也正想通过自己的努力，帮助更多的学生改变现状。

主持人：您怎样释放工作带来的压力？您最喜欢的书是哪本，能说说理由吗？

楼英明：我比较喜欢跑步，我每天都要跑五英里（一英里等于一千六百米），当我跑第一英里时我觉得很累，但当我跑到第三英里时就会感觉很轻松，豁然开朗，什么压力都不存在了。此外就是通过看书不断学习，每本书都浓缩了作者对人生和工作的深刻感悟和独特的见解，作者可能花了几年甚至几十年理解了的道理并记录在书中，而我在较短的时间里通过看书可能很快就能明白，尽管我没有作者理解得深刻，但至少能通过这种方式部分地吸收了书中的精华。

比尔·盖茨一星期看七本书，我看不了那么多，但是一个星期看两三本是能做到的。在看过的书中我最喜欢《跨越裂谷》，据说比尔·盖茨的案头也有这本书。它传达了这样一个理念：在下一代的技术产品问世时，上一代的东西做得再好都无关紧要。我个人认为，如果你一生中只看五本商业方面的书，这本书一定要成为其中的一本。这本书我读了至少七、八遍，最后一次读了后我感觉很恐惧，我怕自己选择的方向是错的，跟整个潮流背道而驰，所以每走一段时间，我就要停下来，反思自己的方向是不是正确。

这本书还提到，在早期接受者和早期主流之间存在一个裂缝，称之为技术接受生命周期的裂谷。如果无法跨越裂谷，业务或产品将失去市场机会而被淘汰。一旦跨越裂谷，市场的发展就像龙卷风一样快速蔓延，从而形成主流。

创业就是要做困难的事

——对话嘉宾：云视野CEO 张仕郎

主持人：往往因为一件小事，就可以改变人的一生。马云当初因为一次偶然的出国机会，最终成就了如今的阿里帝国。请问张总，是什么促使你最终选择了做云视野这样一个项目？有类似的趣事可以给大家分享吗？

张仕郎：是这样的，我大三时去我们学校配眼镜，但新眼镜戴起来不舒服，因为我是高度近视，后来才知道是我选的那款超薄镜片被眼镜店给换成了普通的镜片，然后看起来会比较厚，老板为了把镜片做薄，就把那个镜片的光学中心做大，它做大以后，我就感觉不舒服。去检查，也检查不出问题，后来搞得很郁闷，最后终于知道这个问题。也是从那一年开始，想申请一个这方面专利，后来也就有了创业的打算。

主持人：你曾经自嘲是“打飞机”的航空男，怎么突然就从上海辞职来北京做眼镜了，有什么准备吗？

张仕郎：“打飞机”是这样的，因为我本科是南昌航空大学飞行器动力工程专业毕业的，然后我曾经的梦想确实是想当科学家造飞机，其实在大二的时候就发现，走航空这条路，像我这样的条件是不能够做的事情，公司也需要很大的资金，我们玩不起来。后来因为大三眼镜的事情，就想做眼镜行业。当时到上海，就是觉得上海的眼镜的公司比较多，比如强生、海昌总部。就去上海寻找机会了，到了一个上海的国企，过去的话就是想做一个跳板，但是在上海我谈了很多电商眼镜店，都不行，都没有谈成，后来就来了北京。要是说有准备的话，就是我之前做了专利，然后在微博和论坛上关注相关内容，看一些别人的评论和观点。

主持人：介绍下你们团队目前的情况吧？销售多少人，运营多少人？合伙人都是怎么挖来的？

张仕郎：我们销售现在大概是十三四个，然后验光师有四五个，我们总共有二十几个人。现在招人招得特别快，如果销售不适合，就马上换掉。O2O 比较重线下，所以运营人员比较多，线上比较少。

然后合伙人的话，用心花时间去找，肯定能找到。我当时是逻辑思维的会员，通过这个渠道找了两个合伙人，一个做了CFO，还有一个做过产品经理的北大学硕士。

主持人：那说说你是怎么“勾搭”到“罗胖”的？我知道罗振宇多次转发过你的微博。

张仕郎：认识胖哥挺好玩的，就是当时他组织一个送书的活动，我就微博私信给他，你是不是骗我们，送的是电子书啊。然后他回复了我，说不是，还送我一本书。后来才了解到他也比较关注创业，然后他就关注了我的微博，还帮我转发过几次。我其实没想打扰他，但买了他最贵的罗辑思维会员。我的一些想法跟他的想法总是不谋而合，我之前是不知道的，比如我做的《找个老板替我打工》和他的一些想法很像。

主持人：罗振宇是靠视频起家的，张总也是靠视频，那张总讲讲你要做30集视频是怎么坚持下来的？比如你的素材怎么来的，视频谁帮你剪辑，如何去吸引点击？

张仕郎：嗯，这个比较好玩一点，其实我做事情的初衷就是想引起大家的关注，然后找投资。当然也可以找到一些创业者。当时我在酷镜网做运营，但是我们公司就我一个男员工，所以大部分事情都是由我来做，但是我发现网站的内容没人看。当时大可乐手机和步步高手机对掐，我用着大可乐手机不错，就开始录视频支持大可乐手机，加入他们的对掐。因为加入他们的对掐后，流量就大嘛。

后来大可乐手机的创始人就帮我转发了微博，我做了个视频，叫做《为什么小创业团队可以干赢大公司》，当天那个红杉资本的投资经理就联系我。我想，这样还可以找投资了。其实当时就是通过我的渠道来投资的公司，比我们老板自己找的还多。

既然一期视频有这么多回报，那我决定做30期，我大学的时候就有一些创业的思路，比如“找个老板替你打工”“财务力学”等，这些都是以前积累的。

视频剪辑是这样的，我在猪八戒（威客网）找的人，之前在酷镜网工作时有过合作，所以一直合作到现在。吸引点击主要靠标题 。

主持人：说到投资人，你的天使轮融资是通过什么渠道？见了多少投资人才最终拿到钱？中间经历了哪些波折？

张仕郎：投资的事情我讲一下，这个是可以看出创业者有没有水平的，如果他说，我要去找徐小平老师投资，那这个人就一定是“菜鸟”。你这样想，如果每个人都找徐小平，那他就很忙，同样的项目，都是占 10% 的股份，别的投资人给你 200 万元，他只会给你 100 万元。所以不要相信投资人的光环，主要还是把产品做好。所以有些时候不能听投资人瞎忽悠，不能太相信投资人的光环。

我去天使汇找投资还比较顺利，路演了十五分钟，七八家要投资我，主要是看我们有专利、又会运营，而且我又可以做眼镜模特。

我也有过困难的时候，为了省钱，看是坐地铁还是坐公交。没有钱吃饭，连 iPad 都卖了。

主持人：投资人有没有怀疑过你的项目，你是怎么去说服新的投资人继续投资你的？目前你公司估值已经超过 3 000 万元，你认为未来可以做到多大？

张仕郎：虽然投资人是主动找我们，但他们也存在怀疑，他们请了一家眼镜店的专家评估我们的技术，事实证明我们技术过硬、没有问题。我们已经实现了云验光和远程验光技术。预测国内市场约有 1 000 亿元人民币，我们估计能做下 200 亿元左右。

主持人：投资这块是创业者普遍都很关注的，你觉得在融资这条路上走了哪些弯路是可以供其他人引以为戒的？比如去混圈子是否有用？找几百个投资人的邮箱给他们群发邮件是否有用？

张仕郎：弯路就是看你是不是只是有想法，如果只是有个想法，除非运气好，否则拿到投资很困难，我身边知名大学的创业者拿不到投资的比比皆是。但我 15 分钟就拿到投资了，所以我觉得前期准备要靠谱、创业团队要靠谱，这才是拿到投资的关键。天天泡在一些咖啡店，我觉得是没用的。然后我也觉得混圈子是没用的。

给几百个投资的人邮箱发邮件估计没什么用。混圈子还不如靠提高自己的能力，如果你在京东、阿里有很高的职位，那么投资人就会追着你投。

找投资的话建议通过投资中介，比如天使汇这样的投资中介，专业的事情交给专业的人做，他们知道投资人关注哪块儿的专业。打个比方，如果徐小平不关注 O2O 创业，那你带着这类的项目找他，肯定也没什么用。

主持人：也就是说你是靠天使汇拿到投资的吗？给大家讲讲具体细节，比如是什么契机让你有机会去到天使汇展示自己的项目？

张仕郎：我再补充一下，我们找投资完全是靠自己，与这没有什么关系。我们是通过天使汇拿到的投资，按照网上流程提交商业计划书，如果被打回来，就继续修改，然后通过后参加路演。

主持人：张总，您创业遇到过的最大困难有哪些？您是如何克服的？

张仕郎：最大的困难可能是面临团队解散，最开始我们有三个人，后来有一个人走了，我当时就想完了要散了，不过还是挺过来了。其实没什么困难，遇山开路、遇水造桥，我觉得需要克服的首先是创始人自己，你不能成为团队发展的瓶颈，你得一直往前跑，才能带着团队往前跑，就是创始人的成长速度要快！

有困难是好事，没困难就不要做了。有困难才是我们存在的价值，没有困难就不需要我们了。马云做阿里巴巴，当时就是因为别人都认为网上卖东西不挣钱，如果大家都认为挣钱，肯定没有他的机会。如果没有困难，看上去就挣钱，肯定会有人去做了。没有困难的事情，我们根本没什么机会。

主持人：国内很多知名投资人（比如周鸿祎）都反对创业者给自己开高薪，说那样的话创业者可能就不会全力以赴。创业过程中，你给自己开了多少薪水？给团队其他人开多少？为什么？

张仕郎：我也认为不能开高薪，开了高薪，心态就有问题。我给自己开的工资是 4 000 元，后来又拿了一次投资，才涨了点，因为投资人都说我拿得太低了。不过我合伙人的工资是我的三倍以上，主要是之前他们的工资就很高，我和他们又不熟悉，如果开得少，他们可能就不来了，这是个实际问题。

我有时候也在想，什么时候给自己开一万元的工资，有人说再拿一轮投资，也有人说上市之后，我觉得都是“扯淡”。我的标准是把公司做到盈亏平衡，互联网公司也要挣钱，不能靠投资活着，投资只是帮助扩大我们战场的工具。等我们实现盈亏平衡了，我就给自己开一万元的工资。

主持人：你的团队合作伙伴能力是互补的？还是看人品，看情义……过程中，怎么管理团队核心伙伴和激励员工？

张仕郎：在没有投资之前，只要是活的，没有缺胳膊少腿的，我们就要。有了投资之后，招人就要看能力、人品和心态。

尽量不要管理，让大家自由发挥，做得很流程化。把公司当成产品打磨，产品做好了，就不会有投诉，同样做公司也是。

还有就是去中心化，比如以前你要开个矿，搞定一个员工就能挣钱，那这个员工就是中心。现在我们提倡去中心化，比如销售员做的业绩好，我们就给相应的期权奖励，让他成为自己的老板，而不是为谁打工。

主持人：目前你最恐惧的是什么？或者说 2015 年对您最大的挑战是什么？

张仕郎：恐惧没有，只有焦虑，每个时间段有不同的焦虑。最担心的主要是时间，觉得时间过得太快。如果我们 4 月份不能铺到北京所有高校，那么 6 月份就不能完成北京高校全覆盖，如果拿不到 A 轮融资，就不能完成全国布局。所以就是和时间赛跑，团队要跑得比较快。团队要快速调整，有些决策意味着朝令夕改，发现不对立马就改。就是要快！

主持人：公司每个月要发出去多少钱呢？目前月营收方面方便透露吗？增长情况怎么样？如果不便可以不透露。

张仕郎：这个是痛点，我以前是不敢花钱。我创业的时候，就只有1万8千元，当时一年也就挣五万元左右，现在我们一个月花的钱比当时一年挣的还多，甚至一天的采购费用比当时挣一年还多。但花钱如用兵，会花钱就是会用兵，会花钱才能挣钱。我们只能算是花，把钱花在刀刃上。公司里有个好点的CFO或者会计非常重要。

增长主要是人的增长，我们要在6月底完成北京高校的推广，目前还在招销售人员和地推人员。等团队齐了，就可以迅速做推广。

基于我们的云验光技术，我们放一台设备就算完成了一个高校布局，这个速度是很快的，到2015年年底，我们完成全国布局 。当然，我们的推广速度主要基于我们的技术。

主持人：合作人进出制度如何做？利益分配经验希望分享？

张仕郎：合伙人制度就是期权管理，如果他中途离开公司，之前给的期权就作废。如果一直在公司，未来期权就可能兑现。关于利益的话，就是拿到投资之前，期权多一些，拿到投资之后就少一些。比如我们上市的时候市值10亿美元，如果他有2%～3%，可能上市之后就有2 000万～3 000万元。

主持人：天使投资的过程是什么样的？比如一般天使评估项目的标准是什么，一般天使占多大股份，入股的形式是怎么样的，确定合作意向了，怎么操作天使入股到公司等！

张仕郎：估值这个不一样，少的估值500万元，多的估值3 000万元，都是没什么依据。投资方主要是看项目、看团队、看市场增长率。天使在完成A轮退出，希望增长10倍，完成B轮希望增长100倍。

主持人：你平时看书吗，还是只凭自己的理解去做，如果看，看哪方面的书最有价值？

张仕郎：平时看书，但不是很有时间。推荐看《精益创业》。

把上门按摩做成一个O2O生意

——对话嘉宾：功夫熊联合创始人 孟军贤

主持人：孟总好，请你首先从员工人数、合伙人背景、持股情况、融资情况等方面介绍一下你们团队目前的情况吧！

孟军贤：公司成立于2013年年底，那时我还在百度工作，因为一个想法，我找到了另外两个也就是我现在的合伙人：王润、韩立新。两人都是以前我在百度的同事，我们靠这个想法就融资到了一笔“天使基金”，然后就开始出来创业。

之前我们做过两款产品，第一款产品叫青果记账，大概做了一个多月，后来我们就开始转型，中途试过好多的方向，等会儿给大家分享；第二款产品叫有闲。我们第一款产品青果记账，张小龙曾经在他的微信朋友圈分享过，有闲大概做到2014年7～8月份的时候，我们发现它的卸载率很高，这个产品很难在中国的这种商业环境中进行下去，所以说我就带了几个小伙伴们一起开始探索一个新的方向，也就是现在的功夫熊。

功夫熊从2014年10月16日上线不到一个月的时间融资到了A轮，大概有数百万美元，媒体上已经有披露了。

目前功夫熊的状况是整个公司大概有五十多人，推拿师傅有几百人，我们已经在上个月突破1 600单的峰值，占据行业老大的地位。

主持人：功夫熊上线不到两个月，已完成天使轮和A轮两笔融资。融资是所有创业者都很关心的问题，给大家讲讲一些细节吧！是通过什么途径跟对方接触的？还是因为你们有在百度的工作经验，所以VC主动找上门来？

孟军贤：我们第一个“天使基金”其实是在2013年年底2014年年初时拿到的，那时是因为我在百度做的一款产品叫百度记账，而这款产品在我们出来创业之前已经被验证是可行的，且用户存在这样大的需求。而且那个时候，在整个互联网金融很火的前提条件下，我们能够通过记账去沉淀下来真实的消费用户，通过这种沉淀下来的真实消费用户切入到P2P金融是一个非常好的商业模型。

在那种情况下我们就开始去融资，我们敲定那个投资后，我还没有从百度离职，这在很多创业者看来其实是非常奢侈的一件事情，我回头想有几个因素是值得分享的。

第一，就是你自己的团队必须要足够优秀，而且创始团队的人员要足够互补。我指的互补是在能力层面上，比如说当时我们三个合伙人当中有负责技术的，有负责产品的，有负责市场的，我们三个人的能力非常互补。且我们三个人都有所谓正宗的“百度系”，三个人都在百度的某一个部门共事过，所以说三个人对彼此的了解或者工作上的磨合是有一定基础的，在这种情况下投资人也是比较看好我们的组合，这是在团队层面上，一般天使投资比较看重的是团队，所以说如果大家有好的项目的话，你需要去找到一个非常靠谱的合伙人，这很重要。

第二，就是你做的这个项目是要迎合当下趋势的。你的项目很靠谱的情况下，投资人肯定会投你的，我们当时做的是记账，而那个时候 P2P 金融很火，在这样的背景下，投资人比较看好这块市场，所以选择投我们。

第三，人际关系。也确实因为有一个合伙人认识投资机构的一些投资人，现在看的话那个时候投资人是比较少的，所以想要顺利融资到“天使基金”，认识一些靠谱的投资人是比较重要的。

功夫熊上线第一天日均订单就达到几十单，市场反映也非常好，所以说 A 轮的钱能够很快跟进来，这就是关于我们融资可以分享给大家的一些点。

主持人：有个比较八卦的问题，你们团队合伙人都成家了吗？会给自己开多少薪水呢？你们拿到钱之后主要花在哪些方面呢？

孟军贤：我们的创始团队其他两个合伙人已经结婚了，所以说你们没机会了。其中一个合伙人已经有孩子了，另外一个合伙人结婚了但没有孩子，我已经有女朋友了，但是还没有成家。

我们刚开始创业的时候，给自己开的薪水不是那么多，我们唯一的要求就是这个薪水够我们在北京吃住就可以了。

我们拿到钱，主要的花销是在团队建设方面，就是说，我们需要去找到非常优秀的人才，去把整个的团队建设好，所以说很大的一块支出成本在于人力上。

主持人：今年 2 月 15 日，你登上浙江卫视热播节目“天生我有才”推广“功夫熊”，反响很不错。请问你是通过什么途径联系到浙江卫视的呢，可否给其他创业者介绍些这方面的推广经验？

孟军贤：其实上浙江卫视也是一个偶然的机会，我先不说是怎样上的，我先说我们是怎样做到的。其实功夫熊上线之后很多业界的小伙伴们都在说功夫熊在整个营销层面做得非常的棒，都来找我说："军贤你们是怎么做到的？"

其实在我看来功夫熊之所以线上声音这么大，作为O2O来讲，我们本身是互联网出身，没有太多的线下团队的资源类似美团的线下地推团队，而组建一个线下强大的地推团队，你需要一个非常长的时间周期，以及非常大的人力成本投入，所以说基于这样的一种考虑，你的投入和产出在短时间内很难达到我们订单量的一个诉求，而我们采取的方案是在线上，通过线上去找到我们的目标合作伙伴和渠道，从而去获取大量的订单，这是我可以分享给大家的，可以去跟不同垂直领域的你的目标合作渠道进行合作，双方拿出一定的资源来。

而我们之前跟各种线下的会议合作，跟各种互联网公司合作。我们之前还通过特斯拉、奥迪拉着功夫熊的师傅去服务这样的一些引爆点，去吸引更多的眼球，让大家了解到功夫熊的师傅也可以这么被值得尊重。

这件事情背后最本质的原因，还是你本身的产品和服务能够做到极致，当你的产品服务抵达到用户时，能够产生口碑，在用户之间形成口碑相传。我们师傅所服务的客户有来自媒体、企业等领域。在这种情况下会有很多媒体人对把按摩做成上门这种新的互联网模式产生兴趣，在这种层面上功夫熊其实是得到了非常多的报道，而且这些报道都是媒体朋友们主动找过来的。

而他们来体验之后发现功夫熊的服务确实做到了极致，然后他们会去告诉他们业界的小伙伴们。就这样形成一种氛围，大家互相把功夫熊的优质服务展现出来，去分享给更多有需求的用户让他们来体验。而浙江卫视《天生我有才》的主办方也在寻找一些优质项目，我们在那个时候是非常需要这种媒体资源曝光我们的品牌知名度，所以就产生了合作，而他们对整个创业项目的考核也是非常严格的，并不是每一个创业项目团队都能够通过。

所以说回过头来看，可以分享给大家的就是：首先把自己的服务和产品做到极致，只有你的服务和产品做到极致的情况下，你才可能有后面的更多的一些效应，你可以理解为后面所有的那些推广，所有的那些品牌，所有的那些宣传是基于你本身的产品和服务，而产生出来的锦上添花的一种效果而已。

所以说也希望小伙伴们能够对自己的产品做到极致，我也希望能够去体验群里小伙伴们的产品。当然现在功夫熊手上确实有一些不错的推广资源，比如，我们今天进入到小米，我们同时跟很多企业进行战略性的合作进行这种资源互换的合作。

主持人：那篇出自你手的文章《上门按摩哪家强？功夫熊完爆蓝翔》，你觉得为什么会火？引爆点在哪里？

孟军贤：我当时闭关了大概一个月把功夫熊做出来了，当时面临着巨大的压力。功夫熊的产品模型，这种全新的商业模式，这种传统的按摩行业，我们把它做成上门，我们面临各种类似于安全、服务品质，应用场景的顾虑，我们该怎样说服用户，让他们相信这种上门服务的模式。除此之外，上线后能否取得同伴和用户的认可也显得非常的重要。

当时上线之前我们做了非常多的调研和思考：通过什么样的方式去打响第一枪。大家可以想，小米要发布一个新的手机它通过的是发布会，而对于功夫熊来说该怎么样？没有太多的钱，也没有太多的人，我能够想到的就是通过线上，通过微信，通过功夫熊的微信服务号在朋友圈形成一种病毒式传播，这就是我想到的第一个点，可以通过一篇文章来引爆，而这篇文章怎么样去达到一个共鸣？

就是说你的这篇文章写出来一定要让你身边的朋友能够得到共鸣，这样他们才会自愿帮你传播，而本质上就是文章的质量要足够高。

现在来说说这篇文章，这篇文章的题目叫“上门按摩哪家强，功夫熊完爆蓝翔”，这篇文章的名字非常切合在 2014 年 10 月份非常火的一个网络热点，就是各种蓝翔。

首先通过题目吸引朋友圈用户的点击，然后考虑到功夫熊的目标用户是互联网公司经常加班的年轻人，他们腰和颈椎都不太好，所以文章第一段就直接描述我们精准的目标用户——互联网这一群体，IT 金融经常加班的年轻人，他们每天晚上工作到一两点，且承担很大压力。这种情况大家应该关注自己的身体健康，其实在这种层面上文章的第一部分就能够戳中很多目标用户的内心诉求。

文章的第二段讲到了我们行业的推拿师傅，其实鼓励功夫熊去颠覆整个传统线下行业的是这批师傅们，他们在传统行业里得不到足够的尊重，在物质层面上，师傅们在传统线下推拿店里的抽成非常少，在精神层面上，推拿师傅在传统线下行业里是一个工号，而不是真实的姓名，同时他们总感觉到低人一等。所以说通过文章里的几个具体案例在情感层面上赢得我们目标用户对推拿师傅群体的关注。

弄明白了目标用户所面临的问题以及这个行业的从业者的处境，我们通过这样一个全新的商业模式，帮助解决上面描述的两个问题。所以说文章大致结构就是这样，我写这篇文章大概花了三四个小时，又改了大概二十遍。

任何一个能够在网上传播起来的文案背后一定是有非常多的引爆点 。

文章是选择在 2014 年 10 月 16 日的早上八点半发布的，因为我们想到很多人的这个时间都在地铁或公交上，那是刷朋友圈的一个时间，这是我们采取的第二套策略就是说发布的时间很重要，第三个就是说我们发布了之后，当时我是发动身边所有的朋友去转载这一篇文章。一篇文章想让更多的人知道，你的能启动非常非常的重要，能启动就是通过自己曝光让更多的人看到。

主持人：与上门做美甲的河狸家主要是女性顾客不同，你们的顾客很多都是男性，而且服务还是身体与身体直接的接触。使用虚假身份信息的注册用户我们姑且不谈，就算你知道顾客的银行卡、身份证等真实信息，还是无法规避色情风险。因为接受按摩时一时兴起失去理智做出出格事的客户也不一定没有，对这点你怎么看？比如万一有女推拿师被猥亵了谁来负责？

孟军贤：这个关于安全性的问题我想也是很多小伙伴们对上门按摩所关注的，我想从以下三个方面来回答这个问题。

第一，其实我把功夫熊想得特别清楚，功夫熊的定位是什么？上门按摩的定位是什么？我们为什么叫推拿？推拿和中国功夫一样都是中国传统文化的东西，所以说是一个传统记忆性的东西，却在现实社会当中被人误解，觉得按摩就跟色情服务有关。

功夫熊解决的是那批经常熬夜加班，经常久坐办公室人们颈椎腰椎不好的这一群体，就是满足这种亚健康状态的一个需求，和大家所顾虑的那种色情服务的需求是不一样的。其实也就是说一个产品定位和最开始你需要去引导用户，给用户这样的一个预期，你这个产品是解决用户什么问题的？用户的哪些需求需要想的足够清楚，所以说功夫熊一开始就把整个舆论引导做得足够清楚和明白。

不给大家任何有这方面想象的空间，所以说功夫熊的九个师傅是我自己亲自挑选的，有八个男师傅一个女师傅，而这个女师傅的年龄是三十六岁，并且她给人的感觉就是一个做中医推拿的非常专业的这么一个大姐。

第二，既然有这样的安全问题我们就一定要去思考其他可行、可落地、可执行的解决方案，而功夫熊的模型是：预约功夫熊项目须提前进行在线支付，只有在线支付成功后我们才会派师傅进行按摩服务。

用户提前支付需要我们验证他的手机号，需要去定位他的位置。因为我们师傅要到达那个位置去进行服务，同时银行支付之后就保证用户他确实是对按摩推拿有需求的，就把大家所描述的那些猥琐用户筛选掉了，就能够保证我们师傅的安全。

另外我们会为按摩师傅进行投保。

第三，我们师傅端有一个一键呼救的功能，当师傅抵达用户的住处进行服务的时候，一旦遇到情况师傅可以按一键呼救，公司相关人员接到电话后会呼叫这个师傅，一旦师傅一分钟之内没有应答，我们会马上报警，并且把这个用户真实的地址和联系方式，以及我们对师傅的定位发给警察，警察会第一时间赶到师傅所在的位置去进行处理。

主持人：你在大学时就卖过书，然后在百度时做了记账软件青果，后来干脆辞职出来做这款软件，没多久又开始转型做闲置物品交易软件“有闲”、还做过类似于饿了么这种外卖网站久久网，之前的很多项目为什么失败了？和前面几个项目很快就失败了不同，功夫熊很快就获得市场和投资人的认可，你认为它和前面几个项目最大的不同之处在哪里？

孟军贤：我要说我的这几个项目失败的原因是什么，做久久网那个外卖订餐网的时候为什么没有做的原因，是因为在大学时代，说实话，那时很单纯，而且在那个年代投资环境没有那么好，因为你要做外卖订餐的话，那个时候我们还是跟商家分成的模式，收入不是很多，但是你推广需要的钱很多，并且没有那种融资的意识，最后就放弃了。毕业之后到百度去工作，那个时候的想法就是去大公司锻炼经验，所以订餐网站就没有做了。

青果记账是因为用户的活跃度不高，没有达到我们的预期，当时就在想，这个东西到底能不能做下去，当时我们最后的结论就是记账这个东西，它是一个生意但不是一个大生意，而是一个小而美的东西。我们出来创业，就是想干一番大事，当时就决定放弃并开始转型。

不做记账了我们要去做什么呢，我们非常确定的是要做移动端的产品，做移动端的产品就需要去思考，现在还有哪些用户的一些需求是现有产品没有满足或者没有满足好的，我们当时调研的有家教、海淘，甚至还去调研情趣用品，就是调研了很多很多方向，但是最后我们选定了闲置物品交易。

我们花了大半年的时间把有闲开发出来了，这个产品开发到后面越开发难度越大，但是最后我们在入驻微软加速器的时候正式对外发布，大概是2014年的7月16日，我们对外发布了，拿到了几万个用户，发现80%的卸载率，一方面确实是因为我们产品的质量不够高，另一方面就是因为我们的这个模式闲置物品交易的模式在中国来看，可能用户的接受度不高。

大概在2014年8月份我们做有闲做得非常吃力的时候，就在思考我们到底该怎么办？那个时候的解决方案就是一方面我们继续去探索有闲新的一个方向，就是说要不要以物换物？另一方面就是我和几个技术人员去探索一个新的方向。

而我自己有一个梦想就是O2O，希望去做一个非常优秀服务的产品去颠覆整个线下的传统行业，因为我大学做过外卖就是改变外卖行业，我现在要去做一个什么样的事情呢，其实当时是懵的，但是那个时候已经有河狸家了，河狸家是上门美甲，在那个时间点我看到这种模式，其实她是让整个行业效率提高的一个事情，因为用户得到了实惠，而美甲师的收入更高了，这样的事情，其实是可以做的，而像美甲这样的高频我们分析需要满足几个条件，第一个客单价足够高，第二个频次足够高，第三个你上门的话方便携带，比如说你要上门理发或染发的话需要带各种机器就特别的麻烦，那基于这样几个前提下我们就去筛选，垂直的品类哪些是可以做上门的？

所以说做上门服务的时候，当时做的事情就是去思考我们做哪几个垂直领域，然后问身边的同学，看 APP Store 里面的排名，看百度搜索的词频和用户的需求，哪些是最大的，最后筛选了三个品类：一个是汽车，一个是美容，一个是按摩，汽车为什么没有做的原因就是因为我没有车，我自己没有这样的一个需求，所以说决定不做。美容为什么不做呢？那个时候我单身，身边没有非常多的女性的朋友，不了解女性用户的需求，所以也决定不做，但是我是一个按摩用户，我既然是一个按摩用户我就有信心把按摩这件事情给做好，我知道什么样的按摩服务是我需要的，所以说当时就选定了做按摩这件事情。

主持人：很多人说，创业就是看准一个方向，然后不管多难都坚持走下去。而孟总的经验告诉大家，方向走错了，赶紧掉头其实还有的是机会。

孟军贤：回头来看前几次失败的原因，说实话，就是你创业开始的时候真的需要去把这件事情想得足够清楚，当你要决定创业的时候，你要去思考这件事情，在两三年之后可能会发生什么样的状况，这样可以帮你去做一些决策，就是说你把这件事情放到一两年之后去看它是什么样子，而这样的一个时间点是不是适合做这样的事情。

功夫熊线上的师傅招募，线下服务流程的培训，整个师傅团队的建设，其实我每一步都想得很清楚，我为什么会做这样的事情？会遇到什么样的困难？怎么样去解决？我会遇到最大的风险是什么？而这个风险我是否能够承担，我有没有一个预案能够解决，去预防这样的风险发生。我想这也是功夫熊现在能成为行业老大的一个本质原因。

现在我对很多做 O2O 公司的团队有一个预判，就是最后哪些团队会胜出？不外乎有三种，第一种团队是特别懂互联网，但是不懂线下传统行业，这种团队在我看来生存的可能性较小，第二种团队就是做传统线下产业的来做移动互联网，而他们的劣势在于不懂整个互联网的玩法。

所以说 O2O 真正最后活下来的可能是真的懂互联网，而且关注传统线下行业的团队，就是说互联网团队和线下团队融合起来的团队才是最后能够胜出的。

主持人：孟总你刚说到师傅的管理问题，我想问一下，对一个推拿师傅来说，可能只需要几个长期的客户就能维持自己工作量的饱满，也就是说，只要他们长期上门服务，混到脸熟之后完全可以不通过功夫熊平台而自己私下接活，从而完成实质上的撬客，既流失了老顾客也流失了优秀员工。如果遇到这种情况你们打算如何应对？

孟军贤：师傅接私单的问题，其实这是任何上门服务都要遇到的问题，不仅仅是功夫熊，类似河狸家、阿姨帮这样的上门美甲和保洁的服务，他们也会遇到接私单的问题，而我们是怎么来解决的呢？

功夫熊刚上线时候对师傅是不抽成的，也就是师傅服务一单所有的收入归师傅所有，这样他就没有接私单的动力，当然你可能会问未来功夫熊盈利模式是怎样的？那我只能说等未来功夫熊盈利的那一天我再告诉你。

从另外一个层面上来讲，我们对师傅的管理也是非常严格的，我们有一整套积分体系去管理我们的师傅，一旦你触碰了接私单这条红线，处罚会非常严。

在这个平台上，其实你要解决的最本质问题就是让师傅能够收入更多，如果师傅一个月收入能够过万了，他为什么还要冒着把饭碗砸掉的风险去接私单。而功夫熊上线到现在，一个师傅一个月的收入最高的已经过三万元，以前这在传统行业是不能想象的。

主持人：在上门推拿领域，你们面临很多竞争对手，虽然风格定位各有不同，但本质上仍然在抢食一块蛋糕，你们如何应对竞争对手诸如挖人、口水战和恶意攻击等问题？你们作为这个行业的老大，你觉得未来是否会上演类似于优酷收购土豆，或者滴滴快的合并这样的情况？

孟军贤：首先，我们非常欢迎更多的同伴能够加入到这个行业当中来，因为上门推拿这个市场的盘子非常大，我们一起来培养用户的习惯，一起来教育用户，所以我们对竞争对手保持尊重和欢迎的态度，希望大家一起来把这个领域的事情做好。

当然我们是怎样来保证我们的员工或者师傅不被竞争对手恶意挖墙脚？这个

事情本质上从两个方面来解决：

一方面是企业文化，而功夫熊有我们自己的文化，大家一起来做一些非常有意思的事情，大家都有一个共同的目标。

另一方面，让我们团队的员工和师傅认可我们这个团队，他们认为功夫熊做这样的事情更靠谱，同时能够让他们的收入更多，他们一定会在这个平台上待下去。同时我们会为师傅们打造一种家的文化，让师傅们在这个平台上感觉到家的存在。所以说我们也没有看到我们的员工和师傅被竞争对手挖墙脚或者被恶意竞争这样的局面发生。

对于并购的问题，我想说的是未来在这个领域当中，上门服务的某一个垂直领域一定会出现滴滴快的（合并）的情况，一定会只出现一个老大或者老二。一定也会出现这样并购的局面，当然这个具体什么时候到来，我也不知道，但是一定会出现这样的局面，这个市场上只有老大或者老二没有其他。

创富篇

创新是高速发展的源动力

——对话嘉宾：360创始人 周鸿祎

主持人：您是互联网和移动互联网领域的领军人，也是各种技术产品的狂热爱好者，从专业的角度，您如何看待中国现阶段的信息化发展？您认为中国互联网、信息化发展最缺乏的元素是什么？

周鸿祎：从技术的角度来看，企业信息化实际上是沿着互联网方向发展的。在20世纪90年代末，企业信息化的技术架构成功从C/S架构（客户机/服务器）转向B/S架构（浏览器/服务器），这种转变为企业信息网络与互联网无缝衔接，增强企业与互联网的信息交换，奠定了基础。近期来看，企业信息化开始向云端发展，云计算的各种应用越来越普及，这也是互联网发展的必然结果。今天，“大数据”的概念很热门，这是一种新的思维模式，其实这也是互联网发展的结果，也给信息化带来了新的机遇和挑战。

然而，这些新的应用和新的理念要在中国取得成果，一个前提是中国互联网土壤上必须要有创新的推动力。近几年，中国互联网行业获得了高速的发展，也产生了几家市值上百亿美元的公司。然而，与国外的公司相比，中国互联网巨头由于垄断了市场，它们借助市场支配地位进行不正当竞争即可获得巨大的收入和利润。它们对创新不感兴趣，中国互联网也缺乏真正的创新文化和创新土壤。

中国互联网发展在经历了三次热潮后，已从自由竞争发展到垄断竞争阶段，这种垄断已成为影响中国互联网产业健康发展的重大障碍。以至于从2006年以后，中国市场难以有互联网创新公司的成长壮大，其中，IMO、联众、开心偷菜、互动百科等一系列中国互联网新型创业公司，都成为了垄断市场的牺牲品。

主持人：这几年，我们都在谈论营造互联网生态，您对这个生态系统的理解是什么？360是如何构建自己的生态系统的？希望一个良性的互联网生态系统呈现出一个什么样的状态？另外，这样的生态圈最终能给用户带来哪些体验和服务？

周鸿祎：在自然界的生态圈中，存在着食物链，食物链的每个环节对其他环节来说都不可或缺。而物种的多样性和生态平衡靠得是天敌和竞争。互联网生态与自然界的生态圈相似。

互联网的生态系统在早期时代，创业公司都获得了爆发式的增长，而创新一直是互联网生态的主旋律，这个时期的生态环境就处于健康的状态。当互联网寡头出现后，互联网的生态环境变得恶化，封闭、模仿、抄袭、复制……垄断者扼杀创新者的同时，也阻碍了互联网的发展。

在互联网生态圈中，能够打破垄断的也是创新。政府和社会舆论应该鼓励创新发展模式，鼓励互联网企业以开放平台的思路，为创新者创造生存的空间。

主持人：在一些互联网从业者看来，360已成为互联网行业的成功者，那么奇虎360有哪些经验可供大家借鉴？

周鸿祎：其实，我从来都不认为360是成功者，而且我一直在公司内部强调360仍然需要创业精神。360在过去的几年里以产品体验创新、技术创新和商业模式创新改变了安全市场格局。通过查杀流氓软件、打击木马产业链、推出免费杀毒以及打击钓鱼欺诈网站，360重新定义了互联网安全。

360能够发展到今天，还有一个原因是用户至上。对360来说，用户至上不是一句口号，而是商业模式的基础。没有了产品和对用户的思考，360不可能做大，也走不了多远。对360来说，用户至上的另一个表现，是警惕过度商业化，因为过度商业化会伤害到用户的利益，会损害到用户体验。大部分互联网的商业模式都是基于免费的模式，例如搜索、即时通信、电子邮箱等。如果没有了用户基础，或者说失去了用户的信任。

主持人：360的业务越来越多元化，安全产品、搜索产品、游戏产品，对于这其中的重要性和位置您如何看？

周鸿祎：360的业务主要分为两大方面。一方面是网络安全产品，一方面是开放平台服务，也就是说，360最重要的是核心安全的产品和开放平台的建设。

主持人：很多人把您视作全网公敌，但又有一部分人把您视作最佳伙伴，您能不能仔细谈谈和合作伙伴有关的事儿？

周鸿祎： 创业以来，360在以免费安全模式打破了原有利益格局的同时，也建立了一个新的互联网生态。

如果您仔细看，就会发现360的合作伙伴遍天下，国内外互联网的众多服务、商务、内容和游戏提供商，都是360的合作伙伴。电商领域中包括阿里天猫、京东、当当、国美、苏宁；视频领域有优酷、土豆、奇艺、乐视；内容方面有新浪、搜狐、网易、凤凰、人民网等门户网站；游戏领域有巨人、畅游、盛大、网易游戏、完美以及谷歌、微软等，都是360的战略合作伙伴。

大佬再创业也不易

——对话嘉宾：小米CEO 雷军

主持人：关于您在武大期间阅读过的那本关于硅谷创新的书，是《硅谷之火》，还是《硅谷热》？这两本书都讲到了乔布斯早年的创新。

雷军：《硅谷之火》。

主持人：您在 2007 年第一次拿到苹果 IPHONE 手机的感觉是怎样的？

雷军：惊艳，原来手机也能这样做。虽然第一代 iPhone 现在看来很不完善，但在当时的确是一款革命性的产品。乔布斯当时说“重新发明了手机”，现在看看整个智能手机市场，再回过头来看，你会发现苹果的确重新发明了手机。

主持人：您准备做手机的想法起于何时？

雷军：我一直是一名手机发烧友，从大哥大时代开始，到现在已经用了至少 60 ～ 70 款手机。

以前用手机时，总是觉得有很多不完善的地方。我又是个完美主义者，参与欲很强，以前给包括诺基亚等国际大厂都提过意见，但人家根本不理我，更别说改动了。那时候我就在想，如果我自己能做款手机，根据用户意见来完善，一定能做出一款用户体验很好的手机。

主持人：您邀请林斌加盟小米时，他的第一反应是怎样的？

雷军：跟你讲个故事。当时林斌回去跟他妻子说，雷军找他一起创业。他妻子问林斌“雷军钱也有，名也有，为什么要做创业这么苦的事情？这兄弟图什么？”

主持人：在小米手机的创始人中，哪一位是您三顾茅庐，最费劲才邀请到的？

雷军：其实最难说服的是洪锋。洪锋原来是谷歌中国的高级产品经理，以前在 Google 总部的时候，他们两三个人，做了个很有名的项目，Streetview（街景）。

和洪锋聊的时候，他就问我，你要做手机，那你有运营商关系吗？我说没有。他又问，那你认识郭台铭吗？我说我认识他，他不认识我。最关键的是，这兄弟从头到尾都没什么表情，聊的时候我都不知道有没有说服他。

主持人：您说服晨兴资本、启明创投投资小米的理由是什么？他们的第一反应如何？

雷军：最主要还是基于以前的合作。他们觉得，雷军自己创业应该比较靠谱。

主持人：您和您的团队在做小米手机之前，对于与元器件供应商的合作关系是否很乐观？你们接触的第一家供应商对你们的反应如何？

雷军：从找到周光平博士加入小米后，对于供应商的合作就相对乐观一些，但事实上，开始阶段我们还是太乐观了。元器件供应商并不会因为，你有大把现金就愿意把东西卖给你。

供应商一上来就问，你们做过手机吗？我说没有。

供应商就说，你们连失败的经验都没有，我们怎么把东西卖给你们？

主持人：在福岛核电事故后两周左右，您和您的团队赴日本与夏普谈判，当时您的心情如何？对“核电疑云”是否产生过担心？当时，踏进日本机场时有何感觉？夏普方面对你们的第一反应如何？

雷军：还是有些担心。不过做成手机的愿望更大，也就豁出去了。我们搭乘的那次航班，飞机上的空服人员比乘客还多，乘客总共就不到10人，其中我们就有三个人。

当时夏普总部空荡荡的，以前去拜访时，都是一堆厂家在那里排队，那天就我们小米的人去了。夏普的高管既震惊又感动。

后来夏普成为我们谈下来的第一家核心元器件供应商。

主持人：在与元器件供应商的谈判中，最难的是哪一家，您说服它的理由是什么？

雷军：每家都挺难的。包括我们团队、资金，以及未来的发展趋势，都是供应商们愿意和我们合作的理由。当然，还有很重要的一点是，世界一流供应商这几年一直只有两种用户 Apple 和 noN Apple，他们在谈判的时候其实很被动，他们也想打破这种局面，希望找到下一家世界级的公司合作。

主持人：小米在网上卖出的第一台手机时，你们接到订单时的感受如何？

雷军：激动。

大变革中的人文与管理

——对话嘉宾：原内蒙古小肥羊肉业公司总裁　李成云

主持人：在刚才的演讲中，你提到你的团队是80后、90后，其实你的消费群体也开始80后、90后，他们的思维早已互联网化了。他们很小的时候就开始玩电脑、玩手机，尤其是90后。就是说，你要面对的员工和消费人群，他们的思维都是被互联网化了。面对这种局面，你感觉压力有多大？怎样看待这种颠覆？

李成云：是这样，我重新出来，进入食品行业以后，感觉已经过了很多年了。前些年每年都去参加行业年会，去年没有参加，今年再次参加，虽然只隔了一年，但好像隔了五年、十年。其主题发生了很大变化，现在互联网和创新已经成为年会的主题了，新技术在迅猛发展。

中国传统企业在经历了数十年的生长和调整后，从2008年开始到现在，这些年无论是全球还是中国经济，大家都在找方向，现在大家找到了：互联网的发展势头越来越猛，越来越迅速。

我目前投资的一个产业是连锁餐饮，在这个领域，产品好肯定是基础，但现在传播手段已经变了，借助移动互联网，口碑传播效应非常明显，比如这个东西如果好吃，他会在朋友圈中发，可能发给一百个人，这一百个人里面可能有十个人会带人来吃，接着就会有一群人来。举个例子，我开了家店，地理位置很好，停车场大，外观漂亮，交通便利，未来发展会很好，只是目前离主城区很远，但这个店从开业到现在生意一直很好，主要靠移动互联网带来的口碑效应，传统的拉客户、找客户这些手段都没做。这个店做过数据统计，大概80%的人是朋友带朋友来的，现在的朋友已经带到第五代了，就是靠微信来传播的。

来的客人多，等餐都不耐烦，每个人都在玩手机，现在我们上线了网上点餐，人还没来的时候提早就在线上点餐。

我的理解，如果你的企业不能从客人消费、埋单各个环节都能做到数据精准营销，还趴在传统路上做这件事，那就会很困难。

我最近几天来参加中国企业家年会，包括听雷军讲的互联网思维，对我的触动很大，所以传统饮食业需要使劲把这个短板补起来。

在移动互联网这个时代，不是你愿不愿意玩，而是人家已经这样玩了。

主持人：你怎样看待企业文化？

李成云：企业文化归根结底是人文理念。未来社会的发展和市场的变化也需要人文理念做基础，今天互联网的营销也是基于人文的思考。互联网加速了人们的认识，使人们的生活更加便捷，出发点还是以人为主，为了人们更好地生活，有些事情智能机器还是无法代替人的。互联网思维和人文思维并不矛盾，人文思维可以成为互联网思维的出发点，比如雷军做了腕带设备、空气净化器。把互联网思维应用到工具上，他的根本出发点还是人文，还是以人为本。

对于餐饮业来说，互联网思维再好，如果东西不好吃也白搭，互联网思维只是推送的一种工具，让传播速度更快。

我有一位经理是 80 后，他的员工都是 80 后，我经常加他们的微信，我是想从他们身上发现一些企业管理方面的问题，通过他们发出来的内容来推算他们是怎么想的。

过去我们一个时代可能是十年，今后可能只是五年，不能把 90 后都混起来，95 以前和 95 以后也不一样，今后甚至是三年、一年就有很大的变化。假如用我过去的观念管理 90 后，那他们就不会认同。他们个性张扬，需要被人尊重："我的地盘我做主。"

现在管理上，别管那么多，员工可能发挥得更好，这是我从企业文化角度对人文文化的理解：必须尊重员工，尊重消费者。

主持人：人文在企业创新中也起着重要的作用，很多企业说要学习苹果的创新，但多以技术角度来考虑问题，但忽略了其人文部分。譬如苹果公司中有一些骨干是人文学家，甚至还有心理学家，并不是全部都是技术人才，而国内的许多互联网公司人文氛围不够浓厚。人文这是将来的软实力，没有这块的话，一个产品看着是生冷和冰硬的。

李成云：我有一款手机诺基亚用了多年，在上个月我把它淘汰了，用了 iPhone6，我就在想 iPhone6 有什么好用的地方？那就是人性化，它拥有你能想到的所有功能。所以摩托罗拉和诺基亚不是被三星和苹果打败的，而是被消费者打败的，消费者不和你玩了，就连我这样忠诚的人都转变了。

因地制宜做出市场抉择

——对话嘉宾：AMD总裁兼首席执行官 苏姿丰博士（Dr. LisaSu）

主持人：网吧的业态在中国蓬勃兴旺，但美国可能就不同。我想问一下苏姿丰博士，以您的背景来看，当时是如何跨越这个隔阂，决定把网吧市场作为AMD中国区的主要经营方向？AMD对于网吧业务还有哪些后续的支持？能否介绍一下你们在这方面的新规划？

苏姿丰博士：AMD的一个使命就是希望我们的技术能够在最具有创新的应用领域，得到采纳和运用。就像刚才长沙藩城小镇业主李强先生的介绍一样，他的这个网咖的想法非常好，能够把传统网吧的一些业务跟新的趋势、环境更好地结合。我们认为这是一个非常前沿的应用领域，能够推动技术的发展。纵观全球，我们认为中国市场的体量是非常大的，有很大的能量去推动和引领创新，我们也希望能够支持中国市场这样的创新。

我们认为每一个区域市场在技术的推动方面都会有一些本地化因素，在中国，我们认为网吧、网咖这样的业态，就是一个非常适用的、驱动创新的因素，可能在美国及其他地区并非如此。作为一个全球性的公司，AMD有责任让自己的技术能够适应于每一个我们所运营的区域。中国市场，对于AMD来说非常重要。我们会看到在中国市场上，网咖的业务可能会成为接下来的3～5年一个重要的市场及技术创新的驱动因素之一。如果李强先生的网咖能够非常成功的话，我相信可能会有几千个类似这样高端的网咖涌现出来，因此，我们认为需要一开始就介入。

主持人：AMD有没有做好准备，以中国为核心向全球来推广网咖模式？

苏姿丰博士：传统的网吧市场更多的是吸引人来上网。在发达国家这样的一个业态并不是非常的普及，而在新兴市场可能更受欢迎。新的业态，就是在整个网咖中提供更广的一些服务和体验，包括休闲、社交、游戏，我觉得这样新的业态将会非常有生命力，在其他的市场也会有非常好的效果。

传统的只是打游戏、上网的这种网吧，可能只是特定的人群比较感兴趣，但是也有一些人群是不会去的，包括一些女性，或者不是很喜欢游戏的人。但是网咖这种新的业态拓宽了目标客户的范围，而且能够给客户带来新的体验、新的服务，我觉得这个我们是非常认同的。

主持人：你们打算怎样去推广网咖模式？

苏姿丰博士：我们希望把这个模式推广出去，来教育、引导更多的人，包括中间环节商，去接受这个模式，向这个方向转化。产品，现在我们有低功耗的产品，有好的显卡，能满足广大业主的基本需求。我们也有跨界的合作，通过游戏或者软件的合作来满足广大业主基本要求。最重要的是现在我们有一个专业的团队，努力准确地去寻找几百家的、这种高端的 SI（集成商），或者是求变的 SI，他们要有意愿去跟着网吧业主的观念，跟着新兴市场的需求在变化。我们在这方面的投资很大，跟 SI 一起运营，把他们发展起来。我们希望通过媒体的传播，通过身边合作伙伴的努力，跟合适的 SI 一起运营，把这个业态做出来。

网咖的确有许多很好的体验，可以让消费者在网吧玩累了的时候，休闲一下，比如可以一起上网，通过 Xbox One 或通过 PS4 做体感游戏，这样挺有意思的。还有 Virtual Reality，就是“虚拟现实”的体验，可以说有很多新体验。

主持人：在 DIY 时代，我相信在座可能很多人都是 AMD 的粉丝，那是因为 AMD 提供了性价比很高的产品。苏博士您作为一个技术背景非常深厚的极客型的 CEO，怎么来看待网吧市场的这种变化？

苏姿丰博士：我确实认为这是一个很大的机会。我们可以看到在这种变化的环境里，技术将会更进一步地让市场受益。在过去，网吧可能更看中的是硬件的速度和功耗这样的指标。而在新的业态下，可能更看中的是用户体验。所以我觉得通过这样一个转型，可能找到一种不同的机会，比如说在产品的选择方面，在整个软硬件的搭配和整个场所的设计方面都会有一些新的思考。我认为这也会带来一个新的发展机遇。在接下来的 3 ～ 5 年中，大家会看到一些更多的新技术，不仅仅是 CPU、显卡方面的，还有其他的显示相关技术，如虚拟现实等一系列新技术。它们能够帮助我们在这种新的发展环境、新氛围里做出改变，能够在网咖里实现新的服务和体验。

主持人：请讲讲 AMD 的愿景。

苏姿丰博士：AMD 的愿景就是希望能够把自己前沿的技术运用在具有创新性和最有差异化的市场之中，我们非常高兴能有像李强先生这样有雄心的创业家加入到其中。

与用户共同成长

——对话嘉宾：浪潮集团首席科学家、执行总裁　王恩东

主持人：浪潮公司从电脑、服务器做起，然后开发自己的软件，现在开始关注云计算、大数据，这是浪潮计划中的转型或进一步的升级吗？

王恩东：应该说浪潮做计算、做存储，一直在深耕这个产业。像云计算、大数据业务的开拓，既可以说是转型，也可以说是升级。云计算作为信息产业发展到一定的阶段，它所带来的变化是对于基础设施，乃至对于整个软件、服务的模式都要求进行不断的升级。在这种情况下，如何使服务器，或者说数据中心计算存储模式更适应云计算时代的要求？这是我们必然要做的工作。我们在云计算、大数据方面做了大量技术的创新。

云计算时代，大量的用户业务需要进行计算资源的整合，我们就在这方面满足他们的需求。在大数据这个阶段，用户不仅需要高质量的硬件，同时也需要处理分析和知识挖掘的软件。在这个阶段，我们原有客户的数据中心里涌现出许多新的业务、新的需求，产生了很多新的技术软件的需要。所以进一步朝着这样的方向拓展，开发大数据方面的应用软件是我们重要的发展方向。当然从我们集团来讲，浪潮不仅仅是做这个，围绕云计算、大数据的层面，我们确实做了很多的创新。另外在商业模式上，浪潮也在积极探索，大家现在都在讲互联网思维，实际上它是云计算、大数据的演化与应用，与原来信息系统使用的方式有很多的不同。

主持人：在大数据数据分析或者数据挖掘方面的软件，浪潮是用自己的产品，还是集成其他公司的呢？

王恩东：从数据的采集一直到可视化决策，这个链条是很长的，这里面会产生大量的技术需求，任何一家厂商都不可能做得尽善尽美。在我们看来，不管是采用自己的技术，还是采用合作的方式，都要以给用户最好的服务与体验为出发点。

主持人：大数据和云计算是很多行业用户计划使用的产品与服务，但有一些用户是中等规模的，他们没有这个能力搭建自己的平台，但有使用这个平台的需求。他们有自己的数据，但很担心安全问题。浪潮怎么看待这个问题？

王恩东：安全的问题是老生常谈，但确实需要时时关注。安全的问题可能来自两个方面：一种是无组织的个体行为，像我们说的“小偷”；一种是有组织，有预谋的行为。只要不是有组织有预谋的行为导致的安全问题，只要不是来自于厂商的各种各样的有计划的这种组织行为，我认为都不足以构成对社会上严重的危害，可以用技术手段解决这种问题。

主持人：刚才说的是行业用户使用大数据或云计算平台时产生的安全隐忧，而普通用户面对大数据时，也会产生对个人安全隐私担忧的问题。浪潮是怎么看待这个问题的？

王恩东：这个问题需要从法律法规层面来解决。在大数据时代，我们每一个人都在无偿地贡献着我们的隐私，我们感觉某一个互联网 APP 很好用，免费的，没有广告。但实际上在使用过程中，我们的隐私已被透露。通过 APP，进而手机里所有的信息对方都可以获取到，手机数据是静态的，而很多 APP 会时时记录你的动态，因为有 GPS 动态绑定。有的时候你去哪个地方你自己都不知道，但是那个 APP 是知道的。这个问题目前已经存在了，解决这个问题不是靠技术，而是要靠法律法规来约束。

主持人：在浪潮发展大数据的战略当中，哪些技术会自己主动投入，投入资金去做开发？

王恩东：先说数据采集这一块，因为采集手段五花八门，采集的设备也五花八门，很难把握集中去做哪个方面；在可视化层面上同样也是这样，它的需求也是各种各样的。因此，我们会集中力量于存储技术和数据分析方面，这是我们传统的优势领域，因为我们的客户在业务运行中积累了大量的数据，需要良好的存储和数据分析技术，我们的技术与服务是他们的优先选择。

主持人：浪潮早期就有自己的系列行业应用软件，譬如管理软件，用户使用它已积累了一些数据，这些用户目前是否已产生了数据挖掘、分析、整理的需求呢？

王恩东：是这样的。以前我们说你做一个信息系统，系统建成了，厂商就退出了。

但是用户在运行这个系统后，业务开展时不停产生数据，现在这个数据本身是有价值的，而且产生越来越多的价值。以前只保存一部分数据，现在则有全程保存的需求。因为通过过程轨迹的分析，用户会发现一些有价值的信息，这对于企业决策者来说很有帮助。

主持人：跟国外的一些厂商相比，浪潮有没有需要增强的地方？

王恩东：如果是面向用户需求来说，我们肯定希望研发更多的产品去迎合用户的需求。不过，对于一个企业来说，专注才是最重要的，充分发挥自己的能力，在擅长的领域做擅长的事情，应该是企业要遵循的准则。至于我们相对欠缺的产品，可以通过合作的形式来弥补。这样，既能够保持自身在优势产品的强劲发展，又能在新的领域取得突破，进而还能与合作伙伴形成良性互动关系，是一举三得。

主持人：您对浪潮在互联网的发展情况和未来的预期是怎样的？

王恩东：互联网是推动整个社会发展的重要力量，绝对不能忽视互联网的作用。现在，互联网企业的业务规模越来越庞大，他们的需求在一定程度上就代表了未来的发展方向。对于浪潮来说，会非常重视这些需求，从而根据这些需求来调整自身的战略。

不过，虽然互联网大企业的需求非常重要，但是它们并不能代表整个行业和市场的需求。互联网大企业固然引领着行业潮流，然而，这并不意味着传统的应用就失去了作用。对于浪潮来说，既要重视行业的发展潮流，又不能忽视传统应用的市场地位。这样，我们才能避免顾此失彼，不至于丧失市场份额。

主持人：国内软件应用分析方面，与硬件的发展速度不太匹配，你怎样看待这个问题？

王恩东： 从面向未来的高性能架构方面来说，实际上我们今天讲的融合架构在高性能计算里面也就是要解决这个问题。

主持人：您怎样看待国产操作系统的发展？

王恩东：如果是仅做一个操作系统，它的市场前景就不会很乐观。现在所有的都在朝另外一种趋势发展，可能他们未来的道路会越来越难走，当然要替代，应当还是有机会的。但是这个机会显然不是在技术趋势下的。

平台化建设是大势所趋

——对话嘉宾：用友软件执行总裁　向奇汉

主持人：现在，用友和国内相关的厂商相比，综合竞争能力进一步提升，而且在高端市场，用友的产品和服务替代国际厂商的能力也在提升和增强，这也为产业链合作伙伴提供了比较广阔的发展空间。请问，用友是怎么实现这一点的？后续还有哪些规划和愿景？

向奇汉：公司原来面对客户，都是我们自己服务得更多，不管是做平台，还是平台上做应用，还是基于这些应用在客户那儿做实施交付。在实施交付过程当中，如果客户还有一些个性化的需求，也经常都是我们来实现。当然，其中可能有一部分是采用外包的方式，有一部分开发伙伴参与。这是我们原来的一个策略。在这样的背景下，我们为什么提出平台化战略和产业链共赢呢？这有几个方面的考虑。

总体来说，公司的发展到了一定阶段，拥有了20多年的资源积累，有了一个很好的平台，这个平台也是企业管理信息化的一个平台。目前，平台化的社交成为一种趋势，QQ是一个平台，苹果的APP Store也是一个应用平台。作为企业信息化来说，跟管理相关的企业管理信息化也需要有一个平台，刚好我们公司经过这么多年的发展，拥有了这样一个平台和相应的技术储备，在这样一个平台上面，就需要有更多的产业链伙伴，不管是实施交付伙伴还是行业开发伙伴，基于这个它聚合力量，共同去面对客户，实现更大的价值。这是发展到了一定阶段的用友公司的历史使命，我们需要通过这个平台把产业链聚合在一起，为大家提供一个舞台。

从客户需求来看，客户也到了一个面对信息化的升级与整合的大浪潮的时间，他们也需要平台升级，同时通过平台实现整合。这种整合也需要有很多产业链伙伴共同面对客户，提供这样一个服务，单单是用友一家的资源，肯定是不够的。

从产业链角度来看，也需要有一个平台去支撑。原来我们客户当中有很多伙伴都为客户提供服务，这些伙伴是一些开发伙伴或者小的软件开发服务伙伴，规模不是很大，过去都是基于给客户做一些项目，采用定制性的，甚至个性化开发的服务模式，因为他们没有实力，也没有资源来投入做平台。因此，从产业链伙伴来看，他们也需要有这样一个平台，去支持他们快速地开发，为客户提供服务，并弥补他们在一些资源投入上的不足。

三者结合，不管是从客户发展的趋势、应用信息化的趋势，还是从产业链整个发展的趋势，还是用友公司发展到今天这样一个阶段来看，都形成了平台化发展、产业链共赢这样一个大的战略背景。

在这个战略背景下，我们在具体执行的过程当中，希望通过这个平台能够有更多的产业链伙伴为客户提供咨询实施、交付服务。我们也希望社会上过去自己没有平台技术的一些行业软件公司，基于我们这个平台提供一些行业性的，与我们的解决方案形成互补的复合型、整体解决方案的一些应用。

主持人：用友把资源整合起来为合作伙伴提供更好的平台、舞台或者空间，那么用友现在如何实现把内部的资源整合到这个平台上的？

向奇汉：从整个用友公司来讲，我们各个产品公司都要在这个平台上做符合各自行业的应用开发，不管是面对企业用户，还是面对政府用户，还是面对金融用户，这是我们内部整合。内部的整合也是基于平台能够提供面对企业客户的全面解决方案，例如财务、供应链、生产制造、客户关系管理、人力资源管理、电子商务、移动应用，这类东西都是在这个平台上整合的，而且也支持客户基于平台整体规划分步实施。

因为我们这个平台上应用非常全，对于客户来讲，它可以先从某些应用开始，不管它从哪个应用切入都搭建了一个平台，未来在平台上的应用不断地延展就可以了，这是我们内部，内部面对企业应用都是基于这个平台来做的。

主持人：用友选择合作伙伴的标准有哪些？对他们交付的产品、技术及服务的质量怎么管控？

向奇汉：我们选择的合作伙伴有以下几种。

第一种，如果项目是我们主导，伙伴只是其中的分包模式，这个质量就是我们控制的，因为我们是做项目的。

第二种，如果我们选定的伙伴是比较专业的伙伴，他们本身就具备独立咨询能力，特别是在一些行业领域，比如说这个伙伴面向造船业务的，而那个伙伴面向服装行业的，通过我们的认证后，他们具备独立为客户提供咨询能力的，承担相应的交付责任，我们就提供产品，实施交付就是由他们直接承担项目责任，我们为之提供技术支持。

第三种，开发伙伴，他们已经做了一些行业开发，比如说做餐饮管理软件的，已经完成厨房的配送或者中央厨房的业务系统，我们是不做的，但是这些业务系统本身跟财务供应链、平台管理进行业务共享和数据是协同的，他们就可以在我们这个平台上做一些开发和迁移。这种伙伴需要有一定的行业经验，并且有一些行业的知识。这是行业层面的一些开发伙伴，他们独立为客户提供服务，在项目交付当中基于平台做了一些开发，满足客户个性化开发，服务质量由他们自己对客户负责，如果他们基于我们的产品规划，某一个行业的某一个应用可能是这个伙伴去做，然后打包在这个平台上，形成整体解决方案，这个质量就由我们负责，由我们对开发质量进行要求。

在这里面，我们的合作伙伴不分大小，对某一个企业应用比较熟悉的都可以开发。但是我们会对之进行事先的评估，首先评估他自己是否具备这种开发的能力，因为我们还是要做培训的，只有你掌握了这个平台技术，才能决定是否有这个能力；其次评估其对这个行业的理解度，已经在这个行业做过的，有经验的，不管是行业经验，还是开发经验，也许他以前完全原创式的，没有平台化的，一个项目一个项目去做的，现在要在平台上做，应熟悉了解我们这个平台的规则，了解跟我们标准整合的一些规则，我们主要是培训平台上的一些技术，因为他懂应用、懂技术，只是不懂我们的平台，所以做一些培训，为术开发效率就会大大提升。

主持人：这次选择合作伙伴和以前有什么不同？

向奇汉：我们把合作伙伴分成两类，从面对高端客户来讲，首先是具备咨询实施能力的，他自己能够独立面对客户，去为客户提供咨询实施服务的，我们面对客户提供我们的产品和平台，这是一类伙伴，这类伙伴主要是原来做 SAP、Oracle 的专业咨询实施伙伴，我们将会给他们提供很大的支持，也希望他们的团队跟我们一起合作，面对客户提供高端 NC 的产品解决方案平台，去提供服务。另外一类伙伴就是一些开发伙伴，他们具备一些行业的知识，以往做过细分行业的市场，但是做不上规模，同时自己也没有平台，我们希望这类伙伴基于创新中心的支持，把他们一些行业的应用在我们这个平台上做开发，同时跟我们水平标准产品形成一个整体的解决方案。

主持人：请就用友的感觉，归纳一下国内中型客户和大型客户对信息化建设的需求点差异性有哪些？

向奇汉：中型客户希望投资小、见效快，这是他们的一些普遍的诉求，从应用方面来看，中型客户也在向电子商务方向发展。中型客户做生意的通道变了，通过电子商务来实现，我们也支持中型客户在淘宝、京东上面做生意，单子接下来，通过订单中心和后台 ERP 结合，实现往外延展。中型客户的经营布局往往不是全产业链式的，一般是整个行业产业链当中的一部分，如何跟产业链上下游相结合，我们会帮他们打通，增强其对客户的反应速度，同时通过电子商务等新营销模式的改变，让它更快地适应市场，不断地演进其商业模式。

高端客户则与之不一样，他们都是集团企业，集团企业是多元化经营，采用集团管控的方式，他们从原来的部门级信息化正走向企业级信息化，企业级信息化就是整个企业全面的信息化，最终走向信息化企业。信息化企业是指信息化成为企业核心竞争力的一部分，或者是生产力的一部分。高端客户更讲究集成、管控、信息共享、打破孤岛，他们也面向互联网进行转型，开展包括电子商务、移动方面的高端的应用。

主持人：在国内，用友是管理软件代表性企业，已取得了不错的业绩。但与此同时，国外的一些企业像 SAP 等，进入中国多年后，通过不断地学习，正在拟补以前的本土化不够的短板，用友怎么看待未来的竞争格局？

向奇汉：他们本土化能力越来越强，对我们来说也更具挑战性。不过，用友公司最核心的竞争力还是借助我们的后发优势，把产品、技术、平台做好，因为这个是根本。

我们毕竟对中国企业的了解程度更强一些，提供的服务更贴近中国企业的需求。同时，这也就是为什么我们要强化产业链，要联合产业链的力量，因为未来的竞争是产业链的竞争。此外，我们的渠道体系还是有优势的，面对终端客户营销渠道还是占有很大的先机和优势。中国客户总体来说还是比较支持民族软件，这对我们来说是一个巨大的鼓励。

登顶

——对话嘉宾：中坤集团董事长　黄怒波

主持人：是不是企业家、CEO 要通过登山这种极限运动，才会有丰满的经历，才会对他的企业运营有所帮助呢？

黄怒波：毕竟探险登高山是少数人的事，但这与做企业家一样，企业家是社会稀缺资源，在这个意义上，能够登高山的也是稀缺资源，超人的意志、缜密的计划，在这里都是相通的。不能要求所有人都做企业家，不能要求所有人都登山，但是我们可以从企业家的身上看出成败，来悟出人生道理。可以从登山的这些企业家身上看出他为什么去登山？最关键的是从两者身上，可以学到什么东西——就是我们怎么看待人生。

每个人都有死亡的一天，我老讲一个例子，就是波伏瓦写的一长篇小说，书名为《人总是要死的》，这个主人公呢，是个帅哥，六百年不死，但是到后来太痛苦了，为什么？他的人生永远没有悲哀，因为他只能活着，这个时候他就说："哎呀，我怎么才能死啊，羡慕这些生生死死。"这是什么意思呢？就是我们活着其实是很幸福的，因为我们有挑战，有痛苦，再有登了山，你才知道你也会死，当面临死亡的时候，你知道活有多么的不容易，你就会珍惜它。这就告诉我们没登山也没做企业的人，活着是要挑战的，不要庸庸碌碌地活，不要无所作为地活。我想这本书给人最大的启示就这个道理。登山也好，做企业也好，都是很跌宕的，都是富有激情的。因此要永远保持激情。这本书对我们不登山不做企业的人也有很大的启发，起码可以把你对生活的激情呼唤出来。

主持人：做企业也是这样，有些企业家顺应某种趋势，有些则挑战自己的极限。作为有过登山经验的，你认为怎样看待这个问题？

黄怒波：通过登山，我觉得最大的收获就是要知道自己是谁，知道自己没那么了不起。我在 2012 年第二次登上珠穆朗玛峰以后，写了一首诗，因为我觉得不会再回来。我在山下给珠穆朗玛峰磕了三个头，感谢"山神"放生回来，没有把我留在山上。到最后你只是对自然有敬畏。人类最大的问题就是认为自己可以战胜一切，现在人受到报复了，对吧？挣那么多的钱，得到那么多以前祖宗几代没得到的，我们还不满足！人丧失了自我，不尊重自然。而登山对山上的一草一木（都应有所敬畏）。我们登山有一条，出发时要敬“山神”，走到一个高度要喊一喊，从内心敬畏。

现在有些企业家没有敬畏之心，认为什么都能干，永远认为自己什么都能突破，最后这个企业家就疯狂地干完这个，干那个，恨不得全世界的事，他认为他都能干，这就丧失了自我。但登山让你知道，山是伟大的。走在山上，你有什么了不起的，那个雪莲没准也长了几百年。然后你看任何一块石头，珠穆朗玛峰都几亿年了啊，在这个时候你就知道人是渺小的，要顺应自然，顺势而为，大鹏一日乘风起，扶摇直上九万里。可是得“乘风”起啊！猪能飞起来也是乘风起，它不能造风出来。从这个意义上讲，我认为我们在30年的发展之后，可从登山体验来反思如何做企业，我们要有所敬畏。

主持人：登山和做企业一样都要面对不确定性，在登山和企业中如何面对不确定性影响？

答：中国的民营企业生命力特别顽强，面对许多不确定性，面对30年来的风风雨雨。世界的步伐变得越来越快了，尤其在新经济状况下，变得更快，马云说过：我所有担心的事都发生了，我所有不担心的事也都发生了。我们根本不知道我们的对手在哪，也不知道5年以后我们还在不在？我们当下永远面对不确定性。中国民营企业家很伟大，当你知道不确定性是你的宿命的时候，你反而能很好地面对不确定性。就跟登山（一样），所以我认为在面对不确定性时，要有强大的心理。你要想自己这一生追求的是。海明威的那句话我特别喜欢：“人可以被杀死，不能被打败。”

主持人：谈到对抗不确定性，在您的企业管理中有什么例子可借鉴？

黄怒波：2006年做房地产的时候，房地产特别火爆，2008年房价一路上升的时候，我看到了风险。当所有人往顶峰去的时候，我避开。所以每次登顶，高峰期，大队出发的时候我都躲着，为什么呢？风险特别高。有的人到第二个台阶就上不去了，上不去的后果是什么呢？很多人就得站在那里等，结果很多人的氧气就没了。所以你看，所有人都走的时候你就要小心一点。我的办法就是要么比大家还早，要么等大家都走完。最后到顶峰的时候，他们都在顶峰照相时，我就坐在那儿，等他们都照完走了，我一个人上去照相，因为顶峰很小啊！但下去的时候我能很快超越他们。做企业也是这样，你看房地产火爆的时候，是个人都进来。当公牛都闯进瓷器店的时候，你还在里边，就要小心了，这个时候你要有风险意识。及早转型，之后我们就做了那个世界文化遗产村的项目。这就是风险意识。

主持人：最近，雷军推出了小米公寓、小米家装。您怎样看待互联网带来的冲击，怎样看待互联网思维？

黄怒波：登山的时候，你首先会想我怎么活着回来，你绝不会想死在那里算了，那就必须有计划，科学的计划，装备、向导的选择、路线，以及出现危险时怎么办？

互联网思维是个好东西，大家可以无限地想象。现在的问题是所有人都认为互联网时代来了，我们干什么都行，（但）你怎么知道互联网没有另一次泡沫呢？上次不是有过一次吗？所有的人都创业，都认为自己能成功，就像登顶，都想象自己一定能到达顶峰。但登山的人，都在想这次登不上去怎么办，他有这种风险意识，和他的预案。现在互联网思维缺这种东西，因为面对的不确定因素太复杂了，有无限的创新的可行性，但他的问题是创新的成果能保持多长时间呢？因为你很快又会变化，所以你的预案在哪里？我认为互联网思维里找不出来。所以在互联网时代，应该看看《登顶》这本书。

创业要认准一个你喜欢的领域

——对话嘉宾：焦点房产网创始人、美澳居创始人兼CEO 吴波主持人：您早年创办的影力驰成功借壳上市，接着创办的焦点房地产网又高价卖给了搜狐，可以说都取得了巨大成功，您当年是如何找准市场需求的？

吴波：其实在开始的时候，我并没有对市场有一个明显的先知先觉。主要还是自己的兴趣，上大学的时候就喜欢自己写软件；那时一款浏览器出来的时候，我觉得挺好玩的，当时这个浏览器只能在Unix上运行，不能在Windows上运行；我就想办法写了一个软件，帮我自己在家用Windows上网，这就是我最开始接触互联网的一个点。

其实核心还是，根据自己兴趣来做自己喜欢的事，并不是特别商业化地去找机会，这也是成功的一个因素。你只有喜欢它，你做到很晚，第二天起来你也不会感到累；抗压能力就会变强，核心还是你要自己喜欢。

尤其在早期，由于经验不多，如果一味寻找风口，其实是很难坚持下来的。创业最关键是你认准一个方向然后就一直做下去，除非你自己放弃，否则你就不会失败；当时我也没看到那么多，就是因为自己喜欢，所以就那么做了。

主持人：拉手网之后，您又创办了零售卖场“美加乐”，当时为什么想到做这样一个项目？如今美加乐运转情况如何？

吴波：在2006年开始介入O2O领域，离开拉手网之后，在想我做的下一个项目是什么，当时很凑巧，看了3个BBC的纪录片，比较巧，给了我一个启发。第一个纪录片讲时尚品牌，LV、GUCCI，讲他们的发展历史以及怎么到今天的。我一看，这些品牌都有300多年了；第二个纪录片是讲消费品牌的，讲可口可乐，百事可乐这些美国消费品牌，这些品牌也都有150多年了；第三个纪录片讲的是高科技品牌，当时还有诺基亚，现在没了，当时分析了一下高科技品牌，要成为消费者品牌，要持续20多年都很难。

看完了这三个纪录片并比较了之后，我思考了一段时间，决定我下次创业的时候，我要用O2O改变的，一定是一个传统的，包含有人文的行业；因为高科技行业变化太快，一个公司很难长期保持领先的状态。所以就想做（传统的产品）。

正当这时候，我们原来拉手的同事离职了，他是产品部的，他对女装比较感兴趣，当时我就和他配合，试图用O2O的方法把女装做得更好，于是就开始了美加乐。

说实话，做了这个市场以后，比想象的要难，到目前为止，还在探索。有一些阶段性的成果，在今年年底会看到这些成果。我当时没有看得太明白其实女装也是一个变化比较快的市场，比较有挑战性；但是我们还是有人在坚持做，希望后边会有一些成果出来，目前，还是在做的过程中。

主持人：作为一名连环创业者，回顾过去这几年，您认为自己做对了哪些事？又犯了哪些致命的错误？

吴波：我其实创业这么久，经过一些反复，自己又开始做了（创业），也总结了一些规律，觉得最重要的是要掌握创业过程中的节奏，所谓节奏就是把握当时的市场环境是怎样的。

因为一个小的公司，很难左右市场；如果你做的技术比较超前，就需要积累，等市场更成熟的时候，再做更大的投入和推广，而不要过早地投入太大，推了半天，市场也没起来。最重要的是对市场时机有一个好的把握，就跟小米雷总讲的风口是一个道理，就是在风来的时候使劲，风没来的时候使劲，也不一定能起来，这是很关键的一点。

另外总结起来很重要的是，第一，你对这个东西一定要喜欢；第二是有一帮志同道合的人跟你一起坚持做，由于大家都有共同目标和兴趣，在过程中你的坚持也不会感到那么痛苦，这样做起来的成功率是比较高的。

个人觉得我自己有很多性格上的缺陷，在很多时候，不善于与别人沟通，很多时候是因为没有沟通好，互相的大家有一定误解，分散很多精力，导致很多时候走不下去；随着我在创业方面经验的增长，一次次创业，我对这方面的体会越来越深。

总体来说，第一你要喜欢，发自内心的喜欢，你可以做下去；第二要掌握创业的节奏，发力不要太早，当然也不要太晚，市场已经给别人抢占了，随着潮流，在“点儿”上乏力；第三是善于跟合作伙伴和各方沟通协调，集中各方力量打“歼灭战”，这样你的机会就比较大。

主持人：互联网从业这么多年，您认为自己容易有哪些思维定势，反而可能导致自己对未来产生错误的判断？您是如何避免这些思维定势的？

吴波：其实作为一个互联网的从业者，关键就是要与时俱进；我是一个比较愿意接受新事物新思维的人，对很多新的事情我也会做深度地思考。比方说，做拉手的时候，当时我们的人员很多，150 个城市，6 500 人，那时候我们更像是工业化时代服务机器，需要规模效应，降低成本等。在美澳居创业的时候，我深有感觉，现在我们正在进入一个智能互联网化的时代。

所以这次我的做法是完全相反的，我们的人很少，我们充分利用计算机智能，利用深度学习智能，解决很多问题，提高效率、避免风险、提高公司的运营效率和利润，虽然成立的时间只有一年多，但是取得了比较明显的效果。

作为互联网公司创业者，能够认清当前市场大趋势，能够认清整个技术大趋势，从而想办法站在这个浪潮里是十分重要的。一定不要使自己成为某种意义上的传统企业，这样的 CEO 是比较难以成功的，即使你做电子业、互联网业，你一样会被市场所淘汰。

具体来说，我觉得应该多跟行业内部的人交流，尤其是在北京当前的创业环境下，多去读书，多读文章，对我个人来说，Peter Thiel 的《Zero to One》对我的影响很大，使我更加坚定了做从 0 到 1 的创新决心，这也使美澳居的创业可能更加轻松自如一些。

主持人：从美加乐到美澳居，甚至以前创办的影力驰，您都是盯准国外市场，可否讲讲其中的缘由？

吴波：其实在做美澳居的过程中是这样的一个思维方式，为什么做房产，是因为想用 O2O 改造传统行业，而最大的传统行业是房地产业，所以想用互联网的方法解决房地产的主要问题。思考了大半年的时间，房地产的问题是在房地产开发商身上。

所以，我们想用 O2O 的方法来优化开发商，这一点是定了，那么为什么选择美澳呢？因为现在中国的市场是比较难做的，大的地产公司不一定能做好，所以我们选择了美澳这两个上升的市场，当然如果国内房地产市场重新回升的时候，我们也会毫不犹豫地回来做。

其中还有另外一个缘由，现在美澳居这种方式在中国和美国都没有；因为我第一个创业公司是在硅谷；所以希望美澳居也能在美国市场上做得比较成功，希望一个中国的互联网公司能成为一个世界的互联网公司，这是一个 5 年以上的理想。

补充一下，1997 年做的影力驰，目标是做中国的消费类电子，在 VCD 里面嵌入式浏览器，当时的主要市场是在中国。

主持人：您认为美国市场跟中国市场有哪些差别是你们之前没有预料到的？中国公司国际化最容易犯哪些错？

吴波：美国市场比中国市场更加规范，在做的过程中，越发感觉到，美国的法制法规制定得更细；因为美国市场更加开放透明，所以利润没有那么高。但是相对比较规范，更有规律，这使得计算机化更加容易些。即使如此，房地产市场也有很多“坑”，我们不断试错，这能使我们的学习速度更快一些。

另外，可能与个人工作背景相关，我在美国读完硕士之后，工作了五六年，我自己对美国的法制环境有一个比较好的了解，做美国市场和澳洲市场比较容易一些，这是个人经历的原因。

一定要成为一个正向能量的公司，你不是完全去跟别人竞争，从别人的手里去抢活儿或者抢利润，或者把当地市场破坏掉，而是一个对环境十分友好的公司，来提高效率的一个公司。对你竞争的对手可能有影响。但除了竞争对手以外，对其他环境都是一个很友好的。如果这方面能够做得更好的话，你的公司会走得更加顺利。

实际上这跟环境保护主义一样，你对当地的环境是一个友好的因素，那么你就容易成功。

主持人：您认为世界将进入“世界经济分享主义”时代，其中有一个公司的成功指数特别有意思，可否讲讲您是如何得出的？

吴波：今天我们已经度过了所谓的工业化时代，那个时代你买商品是为了功能。现在中国的社会已经过了这个阶段，消费追求的是一些个人价值的实现。一个公司要成功的话，必须要超越用户的期望值，你超过得越多，你更容易成功。

由于传播很快，所以是一个指数关系，如果你超越了，你就会很快起来；如果你低于预期，你就会很快消亡。这正是社会传播速度和反馈速度加快造成的一个结果。

在这个公式里，还有重要的因素就是价格，人的期望值是跟价格相关的，如果你暂时没法超越用户价值的时候，你可以用补贴就可以达到这种效果。比如滴滴打车的发红包竞争，能在价格补贴的情况下使体验值比期望值更高。

两年前我们对手机的期望值跟现在不一样，如果用户期望值跟摩尔定律一样，这对公司是一个超级考验，你怎样一次又一次地超越用户预期是非常困难的，如果能做到与时俱进，那么你的公司就会不断取得成功；当然如果你期望用户的期望值不要那么快地增长，对你的压力不要那么大，那么传统行业就是这样的。

分享经济里、社会里每个人的期望值都是完全不一样的，同样的打专车的用户，去开会的期望值就是尽快去；不是很着急的用户就会看重价格；另外的用户可能看重专车要干净，其实每个族群的指标是不一样的。

怎样用深度学习和智能的方法充分满足每个人的个性需求，这是分享经济的是实质，这个领域，从技术来讲UBER做得就很好，动态匹配不是以某个区为单位，他们的动态匹配是以个性区域，个性路线为单位的。这样做的话，BAT大象就踩不到你这个蚂蚁，这是很多O2O创业能够取得成功的关键一点。

主持人：美澳居在去年还并购了“快地产”，可否讲讲此次收购的原因？以及并购后你们是如何整合的？“快地产”团队人员流失情况如何？

吴波：在合并快地产的时候，我们正在做O2O的探索。我们想了解传统产业是怎么做的，我们想学习他们的一些经验，在做的过程中，我们尝试了各种方法和方式，最后还是决定专注在正在上升的美澳市场。

其实“互联网+”的过程，怎样用互联网改造传统行业，怎样使传统地产行业人员融入到我们的互联网企业，挑战还是比较大，在当前大趋势下，一定要互联网化，如果不能做到的话，就会被智能机器人、智能的技术所代替，就会跟不上时代和潮流。

主持人：因为中国网友普遍对海外缺乏了解，只有一小群人对投资海外房地产感兴趣，美澳居在用户规模方面打算如何突破？对未来营收而言，您觉得美澳居有哪些想象空间？

吴波：其实不完全是这样，现在中国有 8 500 万人拥有 500 万元人民币的可管理配置资产；当这样的话，就需要一个国际化资产配置的时候。英国、美国经历过这样一个过程，我们处于一个起步阶段，美澳居总体上感觉还是比较顺利的。

由于地产是一个相对重资产的产品，规模是非常庞大的，只要我们稍微服务一部分用户，目标也已经比较可观了。光在土地上盖房子这样项目估值的话，我们可能达到 20 亿元的规模，明年可能突破 100 亿元的规模，这样的规模，我们只要以千为单位的用户级别就可以达到。所以这个市场的想象空间巨大。把需求和供给合理配备。

主持人：您觉得近年来的股权众筹是不是一个机会？

吴波：股权众筹是一个很伟大的发明。有两个“翅膀”在创业后面几年中很重要，一个是重度垂直、高度个性化的深度学习的技术，就是用计算机做智能的东西。另外一个就是公司一定要插上金融，就是股权众筹的“翅膀”。所谓股权众筹就是在卖自己的未来，如果别人已经在卖自己的未来，而你还在卖自己的产品，那你是输于竞争对手一步的。所以条件允许的情况下，这些工具一定要使用的。

附　录

给钱不重要，关键是给资源

——对话嘉宾：投资人　李卓桓

主持人：请您首先做个自我介绍。

李卓桓：我现在主要做 PreAngel 天使投资。我做了二十年的程序员，一直非常喜欢计算机网络和编程，曾经有过几次和互联网大潮有关的创业经历。业余时间我非常喜欢极限运动，比如说，这个礼拜我就在四川参加滑翔伞的培训。同时，我也喜欢拉丁舞和跑酷，我还会花很多业余时间去学习最新的互联网技术。

现在我主要的工作还是做天使投资，对我们来说最重要的就是寻找未来可以成为下一个滴滴打车或者谷歌的创业者。

主持人：您曾经也跟随古永锵一起创立了优酷网，可否讲讲优酷能从众多视频网站中脱颖而出都有哪些秘诀？土豆成立时间要早一年，为什么优酷反而能够后来居上？

李卓桓：优酷是古永锵在 2005 年离开 SOHO 时，一直准备做的创业项目。其实到 2005 年的时候，我们还没有想明白这个事情要怎么做。当时最让我有感触的是，即使是古永锵这种级别的人出来创业，也是非常不容易的。

脱颖而出的秘诀：一是，兵马未动粮草先行，启动项目时已经拿到 300 万元投资。古永锵的背景非常好，非常有经验，不管他做什么，给钱的人都会支持。所以一开始就有比较好的资金基础；二是，古永锵是非常有经验的创业者和管理者，最早理工科出身，毕业做了咨询，然后去香港做金融，在搜狐的早期就加入搜狐，从 COO 一直做到搜狐的总裁。

从搜狐最初到上市，整个发展过程中，古永锵获得了非常大的互联网经验。最后他自己出来做优酷，他从最开始的工程技术、管理到整个金融都是非常的有经验。这种情况下相当得心应手，这点和其他的创始人不一样，其他人都摸着石头过河，但是他在这方面已经有了非常好的积累。

与土豆相比，除了经验外，还有运气，虽然土豆先启动上市进程，但是在上市的过程中，土豆创始人的前妻有一些财产纠纷问题，产生了 IPO 的风险，所以上市进程就搁置了。这给优酷提供了很好的机会。虽然优酷没有比土豆更早启动上市，但是在半年以后，优酷上市流程启动的时候，占据了天时地利人和，以一个很高的发行价融资到了几亿美元。

所以，后来出现了比较知名的土豆条款，VC会专门为创始人的妻子，也就是婚姻关系方牵扯到的财产设置一些条款。所以创业需要天时地利人和，如果能全踩上的话，那么你一定能做成大事。

主持人：PreAngel在天使投资之前进入公司，投入2万～10万元人民币，一般占2%～10%，通常充当公司顾问一职，请问你们投资标准都有哪些？目前比较成功的项目有哪些？已投项目的回报率如何？

李卓桓：现在我负责的部分是每个项目投资10万元占项目的2%～10%的股权。那么大家可以通过这个数字反算出来，我们希望项目的估值是在100万～500万元之间，是相当早的一个阶段。我们与天使是不同的，我们不只是提供顾问或者一个简单的投资服务，我们要做职业联合创始人服务。

主要有以下三个方面：

第一，我们会以联合创始人角度来参与项目的发展，我们会从产品和战略角度帮助创业团队来梳理。

第二，我们会帮助项目在行业里面对接各种资源，比如说和各个大公司的战略合作，或者一些相关公司的创始人对接合作，建立这种上下游关系，因为创始人一般都是刚刚创业（没有太多经验），在行业里面认识的人没有我们做投资或者创业很多年的人认识的多。很多时候大家都有合作的需求，只是需要背书一些引荐。

第三，帮助项目来对接资本市场。因为创始人太熟悉自己的项目，所以不知道应该怎么面对投资人，用投资人能听懂的语言把项目讲述清楚。我们PreAngel在过去的三年多时间里，投资了有三百家左右的移动互联网初创项目。

已经投资项目的回报率还不好说，因为我们PreAngel投资策略是一直跟着项目的成长和发展，我们有很多项目已经融资到B轮，但我们仍然没有退出，这样的话我们就只是账面价值了。

当然有好有坏。徐小平老师说过的一句话叫做：我没有失败过，为什么？因为失败的事情我都忘了。大家应该知道，创业成功的其实是少数，创业这条路非常不容易，我自己也曾创过业，而且现在做投资，更是深有体会。但不管做成什么样，自己都不要后悔，做一件自己觉得有意义的事情就行。

主持人：您对滑翔、露营等运动很感兴趣，会考虑投资自己感兴趣但并不一定能赚很多钱的领域吗？

李卓桓：马化腾早年过日子也很不容易，曾经想用几十万元或者上百万元人民币就把整个腾讯卖掉，可是竟然没有人买。从这个角度来讲，真正能够有颠覆性的项目，在早期发展的时候具有非常大的不确定性，很难有人看得懂。所以对于能不能赚钱这件事情，我看的不是很重要。我在意的是创始人是否有激情、是否秉性相同，投了他之后，如果做成功了赚了大钱，是我们的幸运；如果失败了，我们也不会后悔说自己花时间做这些没有意义。这是我投资的理念。

主持人：首次创业只有想法，如何遇到合适的技术合伙人？

李卓桓：技术是一个永远的痛，自己做技术的时候身边都是技术“大牛”，做起事来特别容易，但是等自己创业特别是做了投资之后，技术的线断了，一个是需求量大了，一个是很难找到。我的建议一是靠缘分，另一个是要努力，有缘自然会遇到。找到合伙人级别的技术人员不是很容易，需要耐心。能找到给你干活、认同你的创业前景理念，是CEO的基本能力之一，例如乔布斯就可以把沃兹忽悠来，这就是他厉害的地方。

主持人：天使投阶段很多朋友说的情况都不同，比如有的可能运气比较好，一碰到对的投资人，一拍即合。而有的可能没那么好运气，颇有波折……想问一下，到底天使投在正常情况下需要什么样的过程？

李卓桓：所有的人都希望得到一个通用的范式。但是事实上的不是那么简单，简单来说就是各种情况都有。我们经常会把投资人与成业者的关系比喻成男女关系，他们需要看对眼，组建家庭，需要时间！比如追求一个女孩，经历什么过程，是一拍即合还是女追男很费劲、男追女很费劲，每一次都是不一样的。

主持人：从媒体报道了解李总的投资公司其实背后是得到雷军、蔡文胜、薛蛮子等大佬们的注资，你们是怎么让他们愿意把钱交给你们投资的？

李卓桓：你说的没错，PreAanel 后面的所有出资人都是非常有资源的人。他们为什么愿意把钱给我们？其实很简单，首先，他们也希望能够帮助早期的创业者，因为很多创业者都很有潜力。最近创投很火，天使投资人说“孵化器”太多了，“孵化器”说创业者太多了。上游很好的生态链，但是到了下游，能够帮助创业者的人太少了。有资源的人希望通过平台帮助早期的创业者，虽然有限，但毕竟是一个很好的渠道。在这种情况下，我们就可以募集到很多人的支持。给创业者钱是次要的，让他们得到真正的帮助才是最主要的。

从计划融资到完成，创业者要做好准备

——对话嘉宾：启赋资本投资总监　彭数学

主持人：好的创业项目的评判标准是什么，什么样的项目才能得到资本的青睐？

彭数学：首先，什么是好项目，每个人的投资理念不一样，可能会有细微的差异，但是基本上都是大同小异。就我而言，我会关注创始团队。

其次，项目的所属行业是什么，市场空间有多大，是不是朝阳产业，能否迎合未来的发展趋势，行业市场空间的成长性，是不是每年能高速成长，是不是每年能达到 30% 的成长。

最后，是否具有很好的商业模式或某方面的核心优势，要么有很强的技术、产品设计完美，要么商业模式有很大的创新，能够在细分市场上迅速立足。

可以说，无论什么项目，我们投资的通用标准都是这三点。

主持人：每个投资人都有自己的投资理念，像经纬中国的张颖主要看商业模式和人，而德迅投资董事长曾李青也有着著名的“五不投”。您的投资理念是什么？您更看重商业模式、人还是其他？

彭数学：就具体项目来说，TMT 更偏重于做平台的项目。因为它的空间大，虽然难做，但是一旦做好就可以获得很乐观的差额回报。门槛非常高，这样对团队要求也很高。其实我们之前投的 B2B 项目比较多，现在重点挖掘 B2C 的项目。去年投过电子商务、互联网金融、在线教育、在线医疗、还有一些 O2O 项目。

因为我们投的大部分是早期项目、天使期甚至是种子期的项目，所以我们对核心创始人的要求非常高。其次才看他的商业模式和商业前景。有个前提，这个创始人所做的行业要有前景，但最根本因素还是在团队身上。我现在已经投了 20 多个项目了，以前以投资传统行业为主，来到启赋之后，主要投互联网项目和高科技项目。

主持人：在创业者拿钱之前，和投资人接触时，那些流程必不可少？

彭数学：创业者在跟投资人接触的时候，真实展示自己是最关键的。同时，阐述项目的时候，逻辑要清晰，概念要合理，让投资人能看到未来的预期。或者即使现在不能说预期能否实现。但是在逻辑上、分析上可以让投资人感到可以实现，只是需要某些条件。

具体流程：第一，寻找投资人时做一些精心的准备，比如准备好思路、融资计划书、讲解、PPT。

第二，寻找投资人。途径是多种多样的，可以通过朋友、投资机构、平台、偶遇都可以。

第三，接触投资人之后，向投资人展示项目的优势，这就要求创始人团队要把项目“吃透”，通过三五分钟的讲述，让投资人明白你做得是什么。吸引投资人之后再充分展开展示。

第四，谈到一定地步，双方都有意愿之后，进行更深一步的洽谈，签订框架协议，也就是意向书。框架协议包括几个关键条款，一，投资金额、估值，也就是占多少股份，二，有无业绩承诺，如果有业绩承诺，预期达到多少目标，达标怎么办，没达标怎么办，但是一般是单项的，没有达到目标是否要降低估值。三，预期什么时候上市，现在新三板放开了，新三板做出的交易也算在上市范围之内，如果在约定时间没有做出上市，或者上新三板，那么会要求创始人进行股份回购。

第五，签订框架协议之后，就要了解公司的几个层面，包括业务、法务、财务。如果是天使投资，重点是创始人团队背景调查、业务流程、逻辑梳理、行业市场、竞争对手分析等。

当然，在调查过程中，项目团队会把创始人拉去见投资机构的合伙人，这些合伙人都是投资维护成员。因为项目能否通过，就取决于这些投资维护成员。比如像启赋资本有五个投维会成员，一个项目的通过必须要获得四票。如果项目通过了投资维护会成员的投票决议，那么就意味着项目获得了投资方的认可，接下来就是要签署一份协议。

签好协议之后，就是付款。付款会约定一些付款条件，需要补充什么资料、股东会决议、原股东放弃优先认购权、新修订的章程等。项目方发付款项目书过来，投资方根据这个条件付款。付了款项收了款，我们会要求项目方做一个验资报告，但是现在不是必要条件。之后，投资方成为项目方的正式股东，一般会推荐一个董事，如果是主投机构，一般会推荐一个董事席位。

主持人：对于创业者来说，拿到融资并不意味着万事大吉，每天在B、C轮死掉的企业不计其数。能否讲讲您最成功和最失败的一笔投资是什么？您从中的启发？创业者应该怎样才能降低项目夭折的风险。

彭数学：前一段时间流行一篇文章《警惕C轮死》，你拿到了A轮、B轮并不代表你的公司成功了，很多项目都失败在C轮上。当然，至于你是A、B还是C轮失败的一个根本因素在于，创始团队能否把项目做得扎实、是否具有市场竞争力，是否把基本的逻辑和模式跑通，是否奠定了基本的用户数据和盈利模式。如果你具备这些条件的话，我相信一般的投资机构对你们不会坐视不管，一般都会蜂拥而至。

最成功的项目还不好说，这几年投了一些传统产业和互联网项目，传统产业中有一些成长很优秀的，例如之前投的一个悠游堂，是一个儿童室内游乐场的第一平台。他的成长速度非常快，投它最重要的原因就是创业团队非常优秀，对行业理解非常深刻。

主持人：签订协议时，一般和创始人对赌的主要内容和标准，还有增资协议的补充协议是惯例吗，主要包括哪些内容？

彭数学：对赌，要看项目所处的行业以及阶段，如早期的互联网主要赌用户数连锁和门店数，后期项目主要是利润、收入。

主持人：回购是什么？

彭数学：回购是指未来约定时间未上市或者被并购，则说明投资方没有退出渠道，需要原股东把我们当初投入的股份买回去，资金等于我们当初投入的资金加利息。

创投关注点：逻辑能力、执行力、经验和资源

——对话嘉宾：逐鹿资本投资总监　卓威舜

主持人：您觉得一个好项目的评判标准是什么，也就是什么样的项目才会得到您以及逐鹿资本的青睐？

卓威舜：首先，我认为这个项目得有价值，也就是说对它的目标客户来说是有价值的，不能是一个伪需求或者是现在各种热门词汇拼凑后形成的项目。其次，这个项目可以标准化或者有扩张的可能性，并且市面上不可以已经存在一个很强大的竞争对手。最后，这个团队需要热爱这个项目，最好是在这个项目行业里的资深人士。不仅是有相关的资源和能力，更重要的是他最好自己就是这个客户。因为只有这样他才可以切身的体会到目标客户的需求，以致最后在细节上胜出。

主持人：每个投资人都有自己的投资理念，像经纬中国的张颖主要看商业模式和人，而德讯投资董事长曾李青也有着著名的“五不投”。您的投资理念是什么？您是更看重商业模式、团队还是其他？

卓威舜：我基本会综合考虑，商业模式肯定是第一的，因为这个是约谈的前提。团队方面，绝对不投的点太多了。但是我投的人，在逻辑能力、执行力、经验和资源等方面一定要比我强。他可以有一些小小的短板，但是我希望这个短板我们可以帮得上，或者可以互补。

主持人：可否请您说说您是如何做投资决策的？能否举些例子？

卓威舜：投资决策一般我们会从收集 BP 然后筛选 BP 开始。因为我们是做早期投资的，所以早期的项目特别多，不会像 A 轮 B 轮那么集中。这就导致了我们可能有很多时间去和创业者见面。所以我在 BP 上特别挑剔，比如像排版有点乱、逻辑有问题、字太多、图太少、页数太多或者团队成员背景不合适，甚至有错别字等，一般情况下我都不会进行约见。

如果约见了之后就会细聊，基本上会把所有创业过程中可能遇到的问题、遇到的“坑”通通都问一遍。这个时候主要看创始人的真实能力、应变能力是否在这个行业内懂得比我多，甚至包括这个项目是否他做得比我强。如果觉得不错的话，我会带着我的合伙人，主动拜访整个团队。这个时候更看重的是团队的默契与互补，之后我们几个合伙人才会投票决定是否投资。

主持人：创业初期如何有效解决投融资问题？

卓威舜：现在投资环境比较好，大家可以多跟投资机构交流。但是每个机构的投资阶段是不一样的，每一个机构里的每一个投资人的风格和理念也是不一样的，所以创业者需要做足功课。而不是群发邮件或者频繁加人、拼命打电话，否则浪费的是大家的时间。

即使一时半会融不到钱其实也没什么，因为创业应该是自己的，而不是TO VC的。我也是创业出身，两次创业项目都是万元级别起步的。但是我从来都没融过资，两个项目后来都做到了千万元级别。虽然现在都已经卖给别人了，但是两个项目现在都还活着。所以关键是你的项目好不好。

可以和投资人多接触一下。到后期的时候可能涉及到很多财务问题，这个可能会分散自己很多精力，这个时候可以再回来解决融资问题。

主持人：从创业者计划融资到完成融资，一般有哪些步骤，您觉得这个过程中哪些是应该特别注意的？

卓威舜：我觉得无论是否融资BP都一定要写，BP是项目的一个发展的脉络，它更多是写给自己还有小伙伴们看的。投资机构会跟着你很长一段时间，而每一个投资机构都是不一样的，所以投资机构要挑好。然后就顺其自然吧，反正好项目一定会有人看到。

主持人：对于创业者来说，在尽职调查前需要做好哪些准备？

卓威舜：我们早期项目的尽职调查比较简单，包括财务规划（因为财务数据等都还没出来）、团队成员的背景、竞品的调查研究等。

后面还会涉及到面谈时我们说过的每一句话，这些都会记下来。然后可能产生问题的话，任何一句话可能产生的问题我们都会进行尽调。

我们的原则是在尽调之前相信创业者说的每一句话，在尽调当中我们怀疑创业者说的每一句话，有一个非常大的差别。所以创业者不能抱有侥幸的心理，坦诚应当是放在第一位的。

主持人：逐鹿资本对其投资项目有哪些指导管理？

卓威舜：我们逐鹿资本这边原则上是不管理的。我们可能一个月去给企业开一次会。然后一个月组织我们投的企业互相见个面，一起做一些线下的交流活动，仅此而已。如果项目对我们有任何的需求，无论是资源上还是方向等，我们都会第一时间站出来。然后根据实际情况，再看我们能给那个项目哪些帮助。

我们这里还有孵化器，巨型工厂孵化器不能算是我们投资的项目，但是我们孵化的项目，这种可能从战略指导、招聘、基础的办公室等孵化器有的一些基本服务都会有。

主持人：我在网上看到您的一篇文章，关于创业项目如何有效解决投融资问题。其中提到天使阶段的项目，您给的意见是：拿着已经上线的产品和少量的数据证明，一般融200万～500万元占20%，花6～12个月的时间主要砸市场跑数据，顺便迭代完善产品。想请您具体阐述一下，想找天使投资的创业者，如何更有效的拿到天使的钱？如何找投资人，找到之后如何让对方愿意投？

卓威舜：大家普遍可能认为天使投资是看人，但实际上并不是这样。因为大家通常把种子投资这个步骤给忽略了。因为投这个阶段的真的很少，大家可能都从天使开始投。我身边有一些创业的朋友拿了天使，但是没有到A轮基本上就失败了。

这其中的问题，一方面是节奏没把握好。就是拿了天使的钱之后开始做产品、找团队，然后坐办公室，甚至是很奢侈的两层楼的办公室。这可能就会花掉一半的钱，但最后什么数据都没跑出来，钱也花得差不多了。产品也没有完全做好，还得迭代到了3.0，4.0版本，而且不是特别好用，市场基本上是完全没有做。如果拿着这样的东西去找 A 轮机构的话，肯定是必败无疑。

所以只是一个想法或者产品原型，产品没有正式上线的时候，尽量不要找天使投资。这个时候种子人是比较适合的，种子人进来是帮你打磨产品的。等到产品完美上线，少量跑一些数据之后，验证你的商业模式是有人用的，用户量不一定大，但是用户黏度一定要高，用户感觉有价值再去找天使人要钱，把这个证明给他看，天使给你更多的钱是为了打开市场。并且你的目标用户都会像你的种子用户一样都那么喜欢你的产品，有这么强的黏性。

主持人：对于天使投资来说，商业模式之类的都不是很清晰，“人”的因素往往很重要。您一般喜欢什么类型的创业者？或者说具有哪些特质的人（创业者）会吸引你？

卓威舜：首先我觉得商业模式必须很清晰。因为商业模式也是人想出来的，如果这个创始人连自己的商业模式都不清晰，那说明他的逻辑或者事业等因素肯定有一定的缺失。

我一般比较喜欢全能型的，不一定是偏技术的，可能是一个好的运营、产品经理或者营销人员，这样的人做 CEO 会比较靠谱。他首先要能把自己卖出去，这样的话，才会有小伙伴死心塌地地跟着他一起干，然后他才能包装自己的产品，包装之后他才能卖给他的目标客户。不然即使他的产品做得再好看，肯定也卖不出去。

主持人：一般创业者接受天使投资时，投资人都要求项目创始人留出一定比例的期权池，您认为留出多少的期权池比例比较好？对创业团队的股权分配上，您有什么好的建议？

卓威舜：关于期权池，一般 10% ～ 25% 基本可以接受，因为这个涉及到后期投资人股份比例稀释的问题，创业者一开始要想清楚，因为留出的期权池是不参与投资人的股份稀释的。

主持人：您怎么看待创业团队的股份分配？是否在投资的时候考虑这个问题？

卓威舜：创业者的股权平均是绝对不投的，这是大忌。一方面，说明创业者没办法“hold 住”其他联合创始人，另一方面，这样的后期团队非常容易散架或者意见不统一。

后　记

“我的目标是成为第一。我希望我所做的一切都是第一。我不是说我能做到，也不是说我应该做，我只是在说我喜欢。”维亚康姆集团创始人萨默·雷石东曾这样说过。

在这本书中出现的主人公们，都体现着创业大时代所赋予的拼搏向上的气质。在他们中间，有人已成功，有人在奋斗。展望未来，奋斗者也可能会成功，也可能会失败。So What？我喜欢！

最后，感谢的时刻到了！

首先感谢CEO说创业者社区的其余核心团队成员，他们是李志磊、王盼盼、淦南森、李晓霞，尤其是李志磊，他的智慧点燃了CEO说创业者社区的首支火炬。

感谢为本书中的访谈录进行了文字整理，付出了辛勤汗水的媒体同仁和志愿者，他们是：洪蕾、姜姝、路沙、风云、冯霄霞、陶虹、张翔、杨光、仝振湘、邸晓伟等。本书版权内容归“CEO说创业者社区”所有。

感谢中国铁道出版社的编辑王佩对本书的辛勤付出。

感谢您——我亲爱的读者，选择了此书，读到了这一页。

姜洪军

2015年6月28日于北京

读者意见反馈表

亲爱的读者：

感谢您对中国铁道出版社的支持，您的建议是我们不断改进工作的信息来源，您的需求是我们不断开拓创新的基础。为了更好地服务读者，出版更多的精品图书，希望您能在百忙之中抽出时间填写这份意见反馈表发给我们。随书纸制表格请在填好后剪下寄到：北京市西城区右安门西街8号中国铁道出版社综合编辑部 王佩 收（邮编：100054）。或者采用传真（010-63549458）方式发送。此外，读者也可以直接通过电子邮件把意见反馈给我们，E-mail地址是：1958793918@qq.com。我们将选出意见中肯的热心读者，赠送本社的其他图书作为奖励。同时，我们将充分考虑您的意见和建议，并尽可能地给您满意的答复。谢谢！

所购书名：______________________

个人资料：

姓名：__________性别：__________年龄：__________文化程度：__________

职业：__________电话：__________E-mail：__________

通信地址：______________________邮编：__________

您是如何得知本书的：

□书店宣传 □网络宣传 □展会促销 □出版社图书目录 □老师指定 □杂志、报纸等的介绍 □别人推荐

□其他（请指明）__________

您从何处得到本书的：

□书店 □邮购 □商场、超市等卖场 □图书销售的网站 □培训学校 □其他

影响您购买本书的因素（可多选）：

□内容实用 □价格合理 □装帧设计精美 □带多媒体教学光盘 □优惠促销 □书评广告 □出版社知名度

□作者名气 □工作、生活和学习的需要 □其他

您对本书封面设计的满意程度：

□很满意 □比较满意 □一般 □不满意 □改进建议

您对本书的总体满意程度：

从文字的角度 □很满意 □比较满意 □一般 □不满意

从技术的角度 □很满意 □比较满意 □一般 □不满意

您希望书中图的比例是多少：

□少量的图片辅以大量的文字 □图文比例相当 □大量的图片辅以少量的文字

您希望本书的定价是多少：

本书最令您满意的是：

1.

2.

您在使用本书时遇到哪些困难：

1.

2.

您希望本书在哪些方面进行改进：

1.

2.

您需要购买哪些方面的图书？对我社现有图书有什么好的建议？

您更喜欢阅读哪些类型和层次的人力资源管理类书籍（可多选）？

□入门类 □精通类 □综合类 □问答类 □图解类 □查询手册类 □实例教程类

您在人力资源管理过程中遇到什么困难？

您的其他要求：